受益一生的成功法则

为人三会

会说话 | 会做事 | 会做人

苏广易 / 编著

U0962904

多角度地揭示这“三会”的奥秘，传授说话、做事、做人的智慧和技能

在今后的事业、社交和生活中左右逢源、顺风顺水。

北京日报出版社

图书在版编目（CIP）数据

为人三会 / 苏广易编著. -- 北京 : 北京日报出版社, 2020.8

ISBN 978-7-5477-3736-1

Ⅰ. ①为… Ⅱ. ①苏… Ⅲ. ①成功心理-通俗读物
Ⅳ. ①B848.4-49

中国版本图书馆 CIP 数据核字（2020）第 142068 号

为人三会

出版发行：北京日报出版社
地　　址：北京市东城区东单三条 8-16 号东方广场东配楼四层
邮　　编：100005
电　　话：发行部：（010）65255876
　　　　　总编室：（010）65252135
印　　刷：阳信龙跃印务有限公司
经　　销：各地新华书店
版　　次：2020 年 9 月第 1 版
　　　　　2020 年 9 月第 1 次印刷
开　　本：880 毫米×1230 毫米　1/32
印　　张：4
字　　数：120 千字
定　　价：32.00 元

编者的话

人的一生，总离不开三件事：说话、做事、做人。

说话是我们与人沟通、交流的重要方式。话说得好不好，直接关乎我们的个人形象，不会说话的人，形象也会大打折扣。话说得好不好，也关乎我们的前程，不会说话的人，注定不能玩转职场。

话有时候不在于说什么，在于怎么说。会说话的人，说出来的话总能令人舒心；不会说话的人，说出来的话总会让人心堵。口若悬河也好，高谈阔论也罢，都不能信口开河、口无遮拦，不顾他人面子、揭人隐私，甚至乱开玩笑。

做事能力则体现了一个人交际能力的大小。想要事成，就要深谙交际之学，打好人际关系网。俗话说：“朋友多了好办事”，多些能人、贵人相帮，自然事半功倍。

求人也有讲究，能不能把人求动，把事办成，就看你知不知礼，懂不懂求人之法。没有求不动的人，也没有办不成的事，只要战术得当，管他私事、公事、难办事，都能办成。

做人是一门学问，弄懂做人之道则可受益一生。会做人，才能立身；会做人，才能广交；会做人，才能好办事。

做人要有性格，要有胸怀，要有德行。不傲慢、不刻薄、不挑剔、不小气，理解他人、包容他人、宽宥他人，活得坦荡，也活得熠熠生辉。

说话、办事、做人，三者互相联系，互相支撑，为人行走世间，需具备这三大本领。话说得好，自然受人欢迎，自然招人喜爱；求人求得好，办事办得好，自然事业圆满，自然功成名就；做人做得好，自然左右逢源，事事如意。

《为人三会》以说话、做事、做人为主题，将理论与实践相结合，多角度地揭示这“三会”的奥秘，传授说话、做事、做人的智慧和技能，帮助读者提升为人处世的能力，在今后的事业、社交和生活中左右逢源、顺风顺水。

目录
MULU

第二篇

你会说话吗？

——说话有道，语定乾坤

第一章　见什么人说什么话，做个受欢迎的人

和领导说“我决定”，不是找死吗

说话是一门学问，俗话说：“好马长在腿上，好人长在嘴上。”会说话能让你的职场之路一帆风顺。尤其是和老板相处的过程中，这一点尤其重要。老板在公司里“生杀予夺”，不会把握与老板交流的分寸，会让很多初入职场的人碰钉子。今天，我们先谈其中比较容易“触雷”的一点，那就是：不要代替老板做决定。

莉莉名校毕业、擅长交际，工作也很出色，虽然才进公司一年左右，但在大家眼里十拿九稳会被晋升。一天，老板把莉莉叫了过去，说：“莉莉，虽然你是个新人，但我看你的能力挺强的。这样吧，公司的这个新项目就由你负责吧!”

看到老板这样器重自己，莉莉干劲儿非常足。她看到公司最近要到邻城谈判，距离太近没法乘高铁，坐客车太累，恐怕会影响到谈判的效果。打车呢，费用又比较高，最好就是到租车公司包一辆车，这样既实惠又方便。

莉莉打定主意之后，将工作计划做好，就来到老板的办公室进行汇报。她信心满满，觉得自己的包车计划肯定会得到老板的表扬。

“老板，我把今天的工作计划做好了。至于我们去谈判的交通工具，我权衡了利弊之后，决定包一辆车去！”莉莉觉得自己的计划简直是天衣无缝。但她却看到老板板着脸，生硬地说：“是吗？可是我认为这个方案不太好，你们还是买票坐长途汽车去吧！”莉莉愣住了，她完全想象不出老板拒绝这样一个理想方案的理由。

也难怪莉莉会大惑不解，本来一切都做得挺好，但岔子就出在那句“（我）决定包一辆车去”上了。当老板的，很难不有点儿“唯我独尊”的思想，一句话措辞不当，就可能让他不悦。而“我决定如何如何”，恰恰是最容易犯忌讳的。如果莉莉能这样说：“老板，现在我们有三个选择，各有利弊。我个人认为包车比较可行，您觉得怎么样？”领导当然能够权衡其中的利弊，很容易就会答应她的请求，还会对她的工作能力更加赞赏。这样才能避免出力不讨好的情况出现。

说到员工工作的本质，完全是为公司的利益服务，也完全围绕着企业的管理者展开，因此需要了解老板的工作风格、工作方式、工作重心，了解老板的人际关系网，理解他的工作压力。想要和老板保持良好的沟通，就要对老板的地位及能力始终保持敬意。

没事与同事多聊聊，免得心生猜疑

有一个很老的寓言故事，名字叫《偷斧子的人》，其中讲的是一个人丢了一把斧子，他怀疑是邻居偷走的，当他看见邻居时，感觉邻居无论是走路的样子还是说话的形态都像偷了斧子。之后，他终于在山谷里面发现了他的斧子，然后，当他再看邻居的时候，竟然发现邻居走路、说话一点儿也不像偷了斧子了。

这个寓言故事值得我们认真思考，在工作中，如果同事之间几乎没有什么交流可言，就很容易造成误会。同事之间之所以经常相互猜疑或相互挖墙脚，就是因为大家都过高地看重自己，而忽视了其他人。

“同事”这两个字的含义就是一起做事情的人。跟人合作交流，一定要明白别人心中真正期待的是哪些东西，能满足的就要认真满足。如果不能满足，就要采取相应措施予以弥补。

那我们怎样做才能知道对方想要什么呢？答案就是要好好沟通，在与对方的交流中得知重要信息，然后进行分析和判断，我们就比较容易知道对方想要的是什么了。然而，事实是，现在依然有许多人认为沟通是最不需要在工作中被重视的。

小张所在的部门是做大型活动策划与组织工作的，平常需要另一个部门来做一些杂事作为协助。然而，双方总是在事前沟通的时候遇到很多障碍。那个部门的负责人既不说不支持，也不说给予支持，总是在不停地抱怨部门缺人手，目前的工作十分繁忙等。

小张实在是想不通，既然这个负责人不想做这件事情，那他怎么不直接跟自己说呢？后来，通过搜集其他信息，小张终于搞清楚了，原来那个负责人只是希望自己能够出现在主办方的名单里，就是这么简单的事。知道问题出在哪里，小张立即找到了解决办法。因此只要找到了问题的原因，也就能把问题解决好。

我们在和同事一起工作的时候，难免会碰到各种各样难以解决的问题。但是，只要揭开这些问题的面纱，我们就会发现，其实在很多情况下，是我们并不清楚合作方想要的到底是什么。假如我们不能让对方的需求得到满足，就很容易让工作变得难以进行下去。

现代工作关系的最佳合作方式就是共赢，要想达到双方共赢，就必须找到所谓的共赢点，想要找到这个点就必须了解对方真正的需求，也就是把对方的需求当作共赢点。

在平时的工作中，需要我们和其他人合作的情况非常多。和谐顺畅的合作关系当然是我们所期待的。可是，假如在合作中我们察觉到一些小问题，就一定要将其摆在第一位重视起来。在我们寻求同事协助的时候，如果遇到了障碍，首先应该做的就是马上去了解对方想要什么，之后动脑筋想办法，尽自己最大的努力满足他，让他觉得自己是很重要的人。

职场中，同事们以项目组的工作方式共同完成某项任务是一种常见的协作模式。在合作中，有些时候我们是作为主导的那一方；有些时候，我们是作为辅助的那一方。无论哪种身份，都要求参与的各方和谐沟通、目标一致、步骤协调，顺利地推进项目的执行，取得预期的成果。

假如是跨部门的合作，那就一定会有两个部门领导，你不能让你的领导要求别的部门的人与你建立合作关系。所以，只能依靠对目标和利益的共同认识来完成合作。首先找到双方的共同利益，尝试与对方建立良好的沟通，然后再和对方说出这次合作能给他带来什么，以此取得对方的支持。个人关系在合作中固然重要，但在双方关系一般的情况下，最重要的还是找到足够吸引对方的利益点。

如果想要使自己的工作环境变得更加和谐的话，就一定要和同事保持随时沟通的状态。一个优秀的企业，强调的是团队的精诚团结、密切合作，因此同事之间的沟通十分重要。要想和同事好好沟通，就一定要尊重对方、坦诚相待。假如说什么话都要让别人去猜，话到嘴边留半句，那是达不到沟通的效果的。

同事之间基本都是利益关系，假如连小事情都不能解决好，以后定会让对方心生嫌隙。日常交往中我们不妨注意把握以下几个方面来融洽关系，建立良好的沟通基础：

1. 以大局为重，多补台少拆台

假如平时对同事的缺点避而不谈，等到很多人在的时候又转头指出同事做得不好的地方，甚至可能发展为恶意攻击，这样会严重影响同事的外在形象，长期下去，对自身形象也不利。同事们都是因为工作的原因才相聚在一起，这个时候必须联合起来，形成团结的利益共同体。特别是在与外单位人员接触时，要形成“团队形象”的观念，多补台少拆台，不要为自身小利而损害集体大利，最好不要外扬“家丑”。

2. 对待分歧，要求大同、存小异

因为每一个同事都有着不同的经历和立场，甚至对问题也会有不同的看法，因而会有一些争论产生，一不小心就会闹矛盾。因此，与同事有意见分歧时，首先不要过分争论。客观来说，人们对一个全新想法的接受需要一些时间，而且在心理层面上常常会有“好面子”的现象发生，彼此之间谁也难服谁，此时如果过分争论，就容易激化矛盾而影响团结。

其次就是不要一味“以和为贵”。要是在有关原则性的问题上，抱着不争不抢的态度，对彼此的矛盾遮遮掩掩，试图搪塞过去，这样是不行的。面对问题，特别是在发生分歧时要努力寻找共同点，争取求大同存小异。当双方的意见不能够统一的时候，不如先把问题放一放，告诉对方“你们的看法我不是很赞同，我保留我的意见”，让争论淡化，同时不失自己的立场。

3. 对待升迁，保持平常心，不要忌妒

在工作当中，很多同事表面上给人感觉十分友好，但是只要涉及了自身的利益，就会引发矛盾。或在背后诋毁，或忌妒心发作说风凉话。这样既不光明正大，于己于人又都不利，所以，在升迁问题上不要焦躁，要时刻保持平常心。

4. 与同事交往时，保持适当的距离

在公司里面，假如有几个同事相处得很要好的话，很容易形成一个职场小团体，那么，其他同事就会对你们产生猜疑，容易让人怀疑“是不是他们又在谈论别人的是非”。所以，我们要尽量和同事、领导保持一些距离，不要形成小团体。

5. 在发生矛盾时，要宽容忍让，学会道歉

我们在和同事相处的时候难免会产生小矛盾，一定不要疏忽它，假如不恰当解决它的话，就会形成大矛盾。俗话说：“冤家宜解不宜结。”在与同事发生矛盾时，要主动忍让，在自己身上找原因，多换位思考，不要主动激发矛盾。假如矛盾已经存在，责任又在自己的身上，要放下面子，学会道歉，以诚心感人。退一步海阔天空，如有一方主动打破僵局，就会发现彼此之间的隔阂会瞬间烟消云散。

一场完美的表演，不仅需要主角的努力，还需要所有演员、场务的精心配合。换句话说，精彩的演出需要所有参与者的辛勤和智慧——每个人都很重要。任何人的疏漏、松懈和不专业都可能给表演带来缺憾。工作也像表演一样。因此，工作中我们一定要多和同事沟通，才会让矛盾出现的频率不断减少，才能共同创造美好未来。

谨言慎语，搞定面试官

找工作面试的时候，不但要会说话，还要会运用沟通方法、讲究沟通原则。只有这样做，才有可能在面试中脱颖而出，人获全胜。下面介绍几种面试时非常实用的沟通技巧：

1. 控制住自己的嘴巴，三思而后答

大部分人在面试时，有些面试官会让求职者多说一些自己的情况，来更详细地了解求职者没有写在简历上的情况。这时候，有的应聘者觉得机会来了，可以好好推销自己了，于是滔滔不绝、口若悬河，说了很多自己的长处或者自己曾经取得的奖项和成就。

不懂得“言多必失”的道理，就很容易让别人看到自己的缺点，导致面试官对你的好感度下降。

当然，这也不是说在面试时就不要说话，而是说的时候要控制住自己的嘴巴，三思而后答，面试官问什么就回答什么，假如你对面试官提出的问题已经回答完毕，就不要试图再说些“添彩”的话，也许有时候你的“锦上添花”会变成“画蛇添足”。因此，要切记：在面试时，该讲的就讲，不该讲的最好不要讲。

2. 留足进退的余地，随机应变

“你觉得哪些是重点？”

“对这个问题，你觉得应该从哪几个方面进行理解？”

“你怎么看待这个问题？”

在面试时求职者经常会遇到这样的问题，其实这是面试官在考察应聘者的逻辑思维能力和对某些问题的理解能力，以及对材料的组织能力。应该从多个角度入手来理解这些问题的重点。所以，有人称其为“圈套型”问题，因为它们就是面试官给求职者设的“圈套”。在面对这些问题的时候，求职者不要回答得过于生硬，要给自己留下回旋的余地。不然，就会不自觉地跳进“圈套”，让自己陷入尴尬中。如果你觉得自己对这个问题已经了解得很深入，你就很可能会得意扬扬，然后进行自认为正确的分析。殊不知，面试官已经在你做分析的时候暗中观察你了，之后会对你的分析步步跟进，直到问得你说不出来话。所以，为了避免面试官把你逼进死胡同，你在讲话的时候一定留一条后路，留足进退的余地，再随着情况的变化灵活机动地应付。

3. 圆好自己的说辞，滴水不漏

面试官可能还会有意地问一些没有答案的问题，这个时候，只需要自圆其说就能过关了。当然，面对这样的情况，求职者在寻找答案时一定要考虑得周到一些，以免陷于被动。在回答问题前，要在脑中好好思考哪些话是可以说的，哪些话是不能说的。还没有想清楚的就不说或少说，切勿信口开河、夸夸其谈、文不对题、言不及义，这样会给人一种无内涵的感觉。还有，回答问题时，语言要朴实无华，这能够体现你自身的素养和真情实感。

4. 面对“刁难”巧“较量”，针锋相对

在牛津大学的面试现场上，有一个华裔女生因为一个实验题和面试官产生了冲突。

“你以为这就能说服我吗？不，不！”面试官有些愠怒道。

“肯定不行了，您当心理医生的时候，我还在母亲的肚子里。但是，假如没人做这个实验的话，那就永远不会有人知道我和您谁对谁错。”应试的华裔女生平静地说。

“你的那个实验方案错误实在太多了！”面试官仍然没放过她。

“那只能表明它还不成熟，正因为这样，我才向您拜师来了啊。”华裔女生很会说话。

面试官听了这话，一下子呆住了，然后说道：“你觉得我会对一个同我持反对意见的人做出指导吗？”

“我选择这个课题进行研究的目的，就是由于您的专著里面提到过一个观点——‘行为治疗的目的，是为了给饱受痛苦折磨的人正常生活的权利’。说实在的，您在书里提到的其他观点也许我是反对的，但是这句话我是很赞同的，这也是我来找您的目的。”华裔女生说完这句话就笑了。

面试官听了这番话很是受用，也不得不对这位东方女性另眼相看，最终面试官让这个胆识过人的华裔女生通过了面试。

在面试的时候，不用表现得低眉顺眼，面试官说什么就是什么。这么做并不能让面试官对你的印象更好。就像上面的例子中的那个女生一样，她虽然和主考官进行了一场针锋相对的较量，但是她的表现让面试官刮目相看。

尽管求职者需要具备对各种情况的灵活处理能力，但是你同样要明白的是面试官和你的地位是平等的，你们在进行双向选择，无须紧张。简而言之，面试是一个极具灵活性的考试，只靠一些小技巧并不能为你的面试加分。所以在面试过程中要让大脑保持清醒灵活，要学会举一反三，才能让你成功通过面试。

面试的过程实际上就是求职者和面试官沟通的过程，能不能通过面试就取决于你们之间沟通产生的效果。因此，面试沟通非常重要，这也决定了求职者必须要掌握并运用一定的讲话和沟通技巧，提升面试官对你的好感度。

与爱人当然要说爱的话语

婚姻是爱情的新阶段。很多人觉得，在恋爱阶段几乎讲尽了所有的甜言蜜语，一旦结婚就要归于平淡，也就没有那么多爱的话语可说了。实际上，这种想法是不可取的。真爱之心，无论何时都要通过得体的语言表达出来，增进爱人之间的感情。“老夫老妻”的爱的话语，虽然不如恋爱之时来得浓烈，但却像陈年老酒一般醇美，令人回味悠长。

通常，夫妻间的爱的话语要这样说：

1. 直抒爱意

由于传统思想的影响还比较深厚，再加上中国人生性比较含蓄，所以不会像西方人那样，将“我爱你”之类的话挂在嘴边。但是，结婚之后将这些话语都束之高阁也是不对的。在某些时刻，一句深情的“我爱你”会勾起对方的美好回忆，在彼此的心中激起爱的涟漪。这对消除夫妻矛盾、加深夫妻感情是大有裨益的。

很多中年夫妻由于工作太忙，交流感情的机会并不多。但是在下班后或休息日时，完全可以谈谈情感话题，回忆一下相恋经历和生活中的甜蜜瞬间。在双方生日、结婚纪念日等日子里，还可以举办一下纪念的小活动，活跃家庭氛围的同时也会加深夫妻间的感情。

直抒爱意的话语并非多余，它是平淡生活中的一朵朵五彩浪花。因此，在缺少激情甚至出现或大或小的情感危机的夫妻之间，说一句直抒爱意的“我爱你”“我想你”，虽然不过是举“口”之劳，却能让爱人备感温馨。面对世界上最亲密的人，何必吝惜几句甜言蜜语呢？它会使你的婚姻生活更加甜蜜。

2. 充满爱意的幽默

幽默是一种艺术，有着“化干戈为玉帛”的神奇力量。在夫妻生活中，说几句恰到好处的玩笑话，逗爱人开心一笑，能够让家庭氛围变得轻松、和谐。工作一天回到家，不要陷入疲累之中而不愿意与爱人讲话，将一天中的见闻或趣事用轻松幽默的语言讲给对方听，引出一阵笑声，不仅能够消除劳累，还能够表达出深深的爱意。

有一对夫妻，已经共同生活二十年了，一天却因为一点儿鸡毛蒜皮的小事闹起了别扭。丈夫虽然认了错，但是妻子依然在赌气，对丈夫不理不睬。丈夫说：“愁一愁白了头，你看我还这么年轻英俊，你要是愁白了头，出门人家不说我们老妻少夫呀？”妻子“扑哧”一声笑了：“看你那一脸褶子，还年轻英俊呢，真不害臊！”丈夫一看妻子笑了，连忙“拍马屁”：“笑一笑十年少，这下你也变得年轻貌美了，咱俩又般配了！”妻子的怨气顿时烟消云散了。

3. 体贴关爱的话语

爱的话语不只有“我爱你”，还包含着关切、关怀、支持、祝福等方面的语言，只要带着爱意说出来，对方听了都会感受得到。现在，许多家庭夫妻都要工作，在家庭的感情投入上就相对少了很多。即便如此，也不要忘了在爱人生日等特殊的日子里送上一份小礼物，如一束鲜花，借机说上几句真诚而动听的话语，表达对爱人的感激和祝福。爱人听了之后一定会非常感动，夫妻关系也会变得更加融洽。

第二章　不在于说什么，在于怎么说

巧言妙语，让人笑靥如花

和人交流时，用一两句话让对方展颜一笑的人，往往能得到大家的喜爱。什么样的话才能让人笑起来呢？对有些人来说，幽默是一种与生俱来的能力，但更多的人是靠生活的积累乃至有意的学习等慢慢变得幽默的。现在，我们就来了解一下哪些话有幽默效果吧。

1. 奇异的话语使人开心一笑

一些出人意料的话，容易让人感到惊奇，继而发笑。这就是德国哲学家康德说过的“从紧张的期待突然转化为虚无”。

例如，老师在讲课时说：“牛顿坐在苹果树下，忽然有一个苹果掉到他的头上，让他发现了万有引力，成为一名伟大的科学家！”

“可是，”一个学生接话说，“要是牛顿也像我们一样天天在学校里埋头念书，哪里会有苹果掉到他的头上呢？”

老师冷不丁听到这句话，一时间竟不知道怎么回答，引起同学们的一阵哄笑。事实上，这个学生的话并没有什么道理，但是胜在“无理而妙”、出人意料，所以起到了很好的幽默效果。有句俗话说：“第一个把女人比喻成花的是智者，第二个把女人比喻成花的是傻瓜。”讲的就是这个道理。你说的话要想幽默，就必须有新奇、异于寻常的成分。

2. 巧妙的话语能使人赏心一笑

巧思妙想是幽默的核心，能够让听者不由得发出赞赏的欢笑。俗话说：“无巧不成书。”客观的巧合制造的幽默虽然强烈，但是可遇而不可求，更多的要靠主观上的构思。事物之间发生的某种联系，制造出了巧妙的效果，能够在别人没想到的地方发现这种联系，就能够产生令人赞叹的幽默效果。

比如，老师问：“皮特，你在班上用得最多的三个字是什么？”皮特答道：“不知道。”老师满意地说：“回答完全正确。”

这则短小又“笑果”强烈的幽默故事，之所以能引起读者发笑，就是因为皮特的回答歪打正着，而老师则将错就错、移错为对，这种巧妙的裁定足以令读者叫绝。

我们再看两个学生“反击”老师的例子：

小明的英语发音总是不准确，老师批评他说：“小明，你为什么总是发不准音？要知道，我像你这么大时，已经讲一口流利的英语了。”小明回答：“老师，那可能是因为您的老师比我的老师好吧。”

多多没有完成作业，老师说多多能回答出他的问题就不惩罚他。老师先问：“你是愿意答一道难题，还是愿意答两道简单的题？”

多多说：“答一道难题吧。”

“好，请你回答：鸡蛋是怎么来的？”

“鸡生的。”

“那鸡是从哪儿来的呢？”

“对不起，老师，这已经是第二道题了。”

3. 荒谬的话语能使人会心一笑

康德说：“在一切引起活泼的、撼动人的大笑里，必须存在着某种荒谬悖理的东西。”幽默的语言往往包含着让人忍俊不禁的荒唐成分，也就是俗话所说的：“理不歪，笑不来。”有些明显不应该存在的东西展现在我们面前，造成的巨大反差最容易形成幽默的效果。

中国古代有个笑话：有一户人家刚刚生了个女儿，就有个人前来提亲，提亲的人的儿子今年刚满两岁。这个人回答说："我女儿刚刚一岁，他儿子就两岁了。等到我女儿二十岁该出嫁时，他的儿子都四十岁了，我怎么能给女儿找个这么老的女婿呢？"他的妻子则说："你算错了，今年咱们女儿一岁，到明年就两岁了，不正好与那个男孩同岁吗？"

这个故事中的夫妻的话是极其荒谬的，因而幽默效果非常强烈。

再看下面这个例子：

一个人出远门，嘱咐他的儿子说："有人问你令尊在哪儿，你就说家父有事外出了，请进屋喝杯茶。"又怕自己的傻儿子忘了，于是把这番话写到纸上。他的儿子把纸条放在袖子里，时不时拿出来看看。到了第三天，还没有人来问，这个傻小子觉得纸条没用了，就在灯上烧掉了。没想到第四天忽然有客人来问他的父亲，傻小子连忙翻袖子找纸条，却想起已经烧掉了，就随口说："没了。"客人一听还以为他的父亲死了，大惊失色，问道："什么时候没的？"傻小子回答说："昨天晚上就烧了。"

在我们的日常生活中，突然听到充满荒谬色彩的话语，就像在平静的潭水中突然投入一颗石子一样，必然会引起心潮起伏、阵阵涟漪。

以上就是几个常见的幽默技巧，熟练掌握，你也能变成一个幽默的人。

自我嘲笑，娱人娱己

人人都不喜欢被别人嘲笑，但是自嘲就不一样了。在公共场合，一些别出心裁的自嘲，能够拉近自己和他人的距离，也可以让一些矛盾在无形之中消除，具有“四两拨千斤”的奇效。

著名歌手、演员芭芭拉·史翠珊，1942 年出生于美国纽约西南部的布鲁克林区。在她只有 15 个月大时，她的父亲就去世了。17 岁时，芭芭拉离开布鲁克林，来到曼哈顿追求她的演员梦。20 岁出头，她就成了百老汇的巨星。而谈到她在布鲁克林的日子时，她总是说“当时我们虽然穷，但却拥有许多金钱买不到的东西，譬如未付的账单”“我们从来没有吃不上饭，只是偶尔将吃饭的时间无限延后罢了”。这样的自我调侃，让人对这个出身贫寒的巨星更有好感了。

美国幽默作家罗伯特·本奇利，在《我不知所措的十年》一书中说他花了十几年的时间才认识到自己根本没有写作的才能。于是，一个读者写信说：“你现在改行还不晚。”本奇利给这位读者回信说：“亲爱的，已经晚了，我已无法放弃写作，因为我太有名了。”后来，他还把两人的信登到报刊上，一时成为笑谈。

通过以上两个名人的事例可以看出，当在公共场合陷入窘境，例如被问到不堪回首的往事或遭到抢白时，一般人往往选择自卫甚至反击，较为理智一些的或许会选择缄默不语。但是自嘲却是一种一反常理的应对方式。这种方式让人跳出习惯思维定式，既能出人意料，还能得到围观者善意的笑声，从而摆脱窘境，变被动为主动。相反，如果一被嘲笑就发起怒不可遏的反击，就有可能落入对方的圈套，影响自己的形象。

自曝其丑，是一种有勇气的行为，但是很多时候却能够起到提升自身形象的效果。因为在大众眼中，勇于正视自己缺点和错误的人，通常也会是一个可靠、自信的人。但是如果这个“丑”从他人口中说出，问题就严重多了。

自嘲之所以有这样的作用，除了本身违反常理而出人意料之外，幽默的力量也不可小视。

幽默大师卓别林擅长塑造流浪汉形象，他所演绎的人物都具有种种缺陷，但是总能换来观众的笑声与同情。这是因为，人物的幽默让观众忘记或者原谅了他的不足。

我们看卓别林的电影，总能或多或少看到自己的影子。每个人都有不完美的地方，面对这些或大或小的缺陷，如果我们能够把它们当作笑谈，就能够在给别人带来愉快和轻松的同时治愈自己内心的痛苦。

当然，自嘲并不是对自己的缺点进行毫无顾忌的攻击。恰当的自嘲，要充分考虑天时、地利、人和，自嘲的对象也必须进行精心选择，避免将一些本该“秘而不宣”的缺陷公之于众，带来不必要的麻烦。

不能明说的话，你可以这样说

有话直说，是很多人推崇的处事方式，多数情况下都是值得赞赏的。但是，在个别情况下，巧妙的暗示却能够起到直说无法企及的神奇效果。

暗示的方法有：

1. 讲故事或者笑话暗示

艾达刚刚应聘上公司的人事专员，领导就交给她一个“得罪人”的任务：负责考勤登记。原来，最近一段时间代打卡的情况比较严重，老板很不高兴，人事部经理经过一番斟酌把这个任务交给了新人艾达。艾达觉得这个工作容易得罪人，不愿意干，还说自己过去就是因为办事太认真，得罪了不少人，现在还在吸取“教训”。

听了艾达的话，人事部经理委婉地给她讲了一个故事：有一位知名的电影导演，为了给新戏找一个合适的演员苦恼不已。一天，他偶然发现了一个合适的人选，便通知那个男子准备试镜。男子大喜过望，理了发，换上新衣，对镜子照来照去，觉得自己那两颗“犬牙”实在有碍观瞻，于是到医院把那两颗牙齿拔掉了。接着，他兴致勃勃地去找导演，没想到导演一脸失望地对他说：“对不起，你身上最珍贵的东西被你自己当缺陷给毁了，你已经不适合这部电影了。”

故事讲完后，艾达理解经理的意思是“坚持原则，办事认真”正是她最珍贵的东西。得到这番鼓励，艾达愉快地接受了任务。

2. 诙谐暗示

这是指以幽默的语言或随意说笑的方式，向被暗示者传递信息。具体方式可参见下面这个笑话。

五代十国时期，割据一方的李昪（日后的南唐烈祖）治下税收繁重、民不聊生。时逢都城大旱，李昪问群臣：“外地都下雨了，为什么京城不下？”生性诙谐的大臣申渐高决定利用这个机会进谏，便应声答道：“因为雨怕抽税，所以不敢入都。”李昪听罢大笑，当即减轻税收。申渐高借助一句笑话来暗示，竟然为百姓做了一件好事。

3. 岔开话题暗示

在听到自己不感兴趣或觉得不够妥当的话题时，可以通过有意的“打岔”来暗示对方：不要再聊下去了。多数时候，这种方法比直接抢白效果好得多。

请看下面一段话。

甲：小陈这个人什么都好，就是有点儿以自我为中心。

乙：嗯。昨晚电影频道播放了《武松打虎》，你看了没有？

甲：没看。你不知道，小陈在经理面前自我吹嘘的那副样子……

乙：今天应该还有重播，你看一遍吧，演得非常精彩。

可以看出，乙之所以一再岔开话题，是向甲做出明确的暗示：我并不喜欢背后议论别人。如果甲知趣，就会停止针对小陈的牢骚，否则两人的谈话只能不欢而散了。

巧设悬念，吊人胃口

聪明人说话都是先吊人胃口，再解谜团。

灵活地设置一些悬念，是语言技巧中最常用到的方法。这种方法就是先让对方接受你的思想，然后来个急转弯，把对方置于困惑的境地，即让对方“着了你的道”。在关键处用几句话点明实质，使内容更加生动有力，超出听众的预料和猜测，让人忍俊不禁。

在日常生活中，我们经常会遇到这种情形，只要充分调动我们的思维，就能让我们的聪明才智得到发挥，还能得到我们想要的结果。这就是语言的精妙之处。请看下面精明人的例子：

很久以前，有个贩卖香烟的美国商人去法国开拓市场。这天，他在巴黎的市集上畅谈香烟对人的益处。突然，从听众中走出一个老人，他径直走到台前。那个商人吃了一惊。

老人站在台中央对着听众大声说道：“亲爱的朋友们，除了刚才这位先生说的这些，我还能再说出抽烟的三个好处！”

美国商人一听这话，连忙向老人道谢：“谢谢您了，先生！看您相貌不凡，肯定是位学识渊博的老人，请您还是赶快对听众说出这三个好处吧！”

老人笑着说道：“首先，狗见到抽烟的人会马上逃跑。”老人的话引起听众不小的轰动，商人的心里很是高兴。“第二，小偷不敢去偷抽烟者的东西。”台下连连称奇，商人更加高兴。“第三，抽烟者永远不老。”台下讨论声一片，商人的心里乐开了花。听众纷纷让老人给出合理的解释。

老人把手一摆，说：“请安静，我给大家解释。”

商人兴奋地对老人说：“老先生，快快请讲。”

“首先，长期抽烟的人普遍驼背，狗远远见到驼背的人就会以为人要拿石头砸它，它能不跑吗？”台下笑出了声，商人吓了一跳。“其次，抽烟的人夜里爱咳嗽，小偷以为他没睡着，所以不敢去偷。”台下笑声不断，商人的额头冒出很多汗珠来。“再次，抽烟的人很少有寿命长的，根本就活不到衰老的年龄。”台下哄堂大笑。此时，大家一看，商人已不知什么时候溜走了。

老人高明的语言技巧可谓是跌宕起伏，环环相扣，先让听众百思不得其解，吊足听众的胃口，然后才不慌不忙地表达出自己的意思。按照惯常思维，抽烟是应该遭到反对的，因为抽烟的危害众所周知，因此当老人刚站在台上的时候，所有人都会认为老人是来呼吁大家不要抽烟的，可是老人却大谈抽烟的好处。商人和听众一样大惑不解，因而急切地想知道原因。最后，老人用幽默的语言解释了刚才给听众造成的疑惑。这样不仅让听众开怀大笑，而且让听众从商人的欺骗性话语里走出来，意识到抽烟的危害性。因为他所说的三条好处其实正是抽烟的危害之所在。与此同时，还揭露了商人唯利是图的真面目。

使用巧设悬念的语言技巧，必须注意以下两点：

1. 不要故弄玄虚，不着边际

说话时一定要大方得体，不矫揉造作。反之，不仅不能激起对方的兴趣，还会招来别人的厌恶。

2. 做好充分的铺垫

在设置悬念后，要仔细观察听众的反应，不要急着去揭露“谜底”，要在观众迫切想要知道的呼声中说出来，做到滴水不漏，让听众对结果产生错误的预料。最后把结果娓娓道来，使听众有个缓冲时间来领略语言的趣味。

第三章　小心祸从口出，这样说讨人厌

口无遮拦，很要命的

人们对话语的理解是随着场合的变化而变化的，也会表现出不同的心理承受能力。你若想受人欢迎，获得良好的人际关系，就必须在什么场合说什么话，否则就会损害交际效果。场合指的就是与人交往时所处的位置和气氛。场合有严肃和随便之分，正式与非正式之别，喜庆欢乐与悲伤哀痛之差，公开与私下之异。

在与人相处的时候，要考虑到所处的环境如何，才能沟通得更顺畅、更有效。不顾及场合的心直口快是不值得提倡的。

有一部分人说话无论身处何地都是直来直去的，只让自己心里舒服，丝毫不考虑别人的感受，这样往往会冒犯别人。

小李和小周总是喜欢互相开玩笑，才两天没见面，其中一个就跟对方说："你还没'死'呢？"对方也不计较，回一句：

“我等着给你送花圈呢！”两人哈哈一笑了事。

之后小李得了重病躺进了医院里，小周到医院看望他，于是，就又开玩笑地说：“你还没有‘死’呀？”这一次，小李变了脸，生气地说：“滚，你滚！”把他赶了出去。

此时的小李在生病，有很大的压力。可小周却在病房对一个难受的病人提“死”，显然是没考虑场合，人家怎能不反感、不恼火呢？其实，小周说这话是想逗对方开心，只可惜他缺乏场合意识，不应该不分场合随意开玩笑，把两个人的关系弄得很僵。

这个事例说明，有些人说话容易惹恼人，并不是他们不会说话，而是场合观念淡薄所致。因此，最好的解决方法就是说话之前仔细观察所处环境，在脑海中想好了再说出口，还要懂得不同场合对说话内容和方式的特定限制和要求，时时不忘看场合说话。

懂得在人际关系中分场合说话，能够给你提升不少个人魅力，增强你的社交能力。

人们的言行往往带有一定的习惯性。这种习惯性使他们说话时来不及考虑就脱口而出，造成与场合的不协调。

小王在繁华的商场里陪女友购物，女友正在兴头上，在商场的专柜间走来走去，买了这件又看那件，快到中午了仍没有离开的意思，小王有些不耐烦了。

当女友看上一条金项链的时候，小王终于忍不住说道：“你怎么什么都想买，我也不过是赚那么一点钱而已，我又不是百万富翁！”

商场里的人几乎都听到了小王对女友说出的话，所有人都在看他们，女友本来微笑的脸顿时变了样，生气地反驳道：“怎么，我还没有花够呢，你急什么？我就要买！你要是心疼钱，那还不如分手呢！”小王听了很是难堪，一句话也说不出来。

接着，发怒的女友什么也不买了，气愤地头也不回就走了。小王很不解，女友的性格本来很温顺，自从谈恋爱起，从来没看到过她生这么大的气。可为什么今天她的火气这么大呢？很显然，是小王忽略了场合因素，把其惯用的说话方式用到了公众场合来，对女友说出如此直白的话，而且在大庭广众之下伤害了女友的自尊心，使得女友为了不丢自己的面子而对他提出分手。由此可见，分清场合说话是多么重要啊！

拿别人的隐私开玩笑，那样太过分了

每个人都想说出耐人寻味的笑话，达到让人越想越有意思的效果，可是，有些人开玩笑没有界限，总会有意无意地触犯别人的隐私，这实在是一件过分的事情。所开的玩笑是否耐人寻味，在于巧妙、含蓄的构思，精辟、深奥的哲理，浅显、滑稽的表现形式，幽默的引证，以及特定的矛盾、特定的情境，等等。绝对不能用不雅的语言开玩笑，也不能时时刻刻都开玩笑，要掌握好这个度。

所有人的心中都有不愿说出来的小秘密。哪怕同事之间的交情再好，也不能把别人的隐私当作笑料。

有一个商行老板结婚两个月就当了爸爸，左邻右舍都过来表示祝贺。老板的好朋友吴刚也过来了。他带来了自己的礼物——纸和铅笔，老板谢过了他，并问："尊敬的吴刚先生，我家孩子现在用纸和笔是不是有点儿太早了？"

"不，"吴刚说，"您的小孩儿太性急，本该几个月后再出生，可他偏偏两个月就出生了，相信用不了多久，这孩子就能上学了，这也是我送纸和笔的原因。"

吴刚的话刚说完，在场的人哄堂大笑，商行老板夫妇则无地自容。

拿别人的隐私当作笑话是错误的，上面的事例中吴刚拿商行老板和妻子未婚先孕的隐私当作笑料，使得气氛变得很是尴尬。

所以说，调侃时说他人的隐私，虽言者无心，但听者却有意。他会认为你是有意跟他过不去，因此会心存怨恨。

在现实中：正人君子有之，奸佞小人有之；既有坦途，也有暗礁。

说话如果不分场合、对象、内容，往往会产生一些不必要的麻烦，甚至会招致祸端。因此，说话小心些，为人谨慎些，使自己置身于进可攻、退可守的有利位置，牢牢地把握人生的主动权，无疑是有益的。一个没有心机、唠唠叨叨、不尊重他人隐私的人，是不会受到任何人的欢迎的。

心理学家研究表明：没人愿意把自己的缺点和隐私暴露在公众面前，可是只要被曝光了，尤其是以一种调侃的形式被人揭露，就会感到难堪，进而愤怒。因此，在与人交往谈话中，假如不是特别需要的话，一定不要触碰到别人的隐私地带，要多给对方留些面子。必要时可采用委婉的话暗示你已知道他的错处或隐私，让他感到有压力而不得不改正。对方只要感受到了你表示尊重的点拨后，一定会为了保全自尊心而不动声色地离场。当面揭短，让对方出了丑，说不定会使人恼羞成怒，或者干脆耍赖，出现难堪的局面。

有歧义的话不要说，让人误会就不好了

有这样一个大家都熟知的笑话：张三请了甲、乙、丙、丁四位朋友来吃饭。乙、丙、丁三人如约而至，只有甲迟迟未到。

张三一边看着表，一边自言自语地说："该来的怎么还不来？"

谁知，乙听了很不高兴地问："那么，我是不该来的喽？"说完就气冲冲地走了。

这时，张三连连叹气说："唉，不该走的又走了！"

岂料，丙觉得张三弦外有音，暗想：既然乙不该走，那是我该走了！于是，他也气呼呼地告辞而去。

这下，张三更着急了："唉，这人真是的，我又不是说他！"

但他哪里想到，坐在一旁的丁再也忍不住了，暗想：既然不是说他们俩，那么就是说我了。他越想越气，也立刻走了。

丙刚走，甲就来了。张三不由得连连唉声叹气："唉，真是气死我了，这些不该走的人都走了。"

刚刚坐下的甲，听了暗想：哦？原来是我该走，或许就不该来。于是，他一句话也没说就走了。

结果邀请的四位客人，一位也没留下，只有不知所措、瞠

目结舌的张三还不知道是怎么回事。

文中出现如此结局是张三与其朋友们在交流中产生了误会，究其原因，就是张三采取的沟通方式不当，而得罪了四位朋友。

在日常交谈的话语中，有不少词语在不同的条件下使用往往有不同的含义，有的甚至完全相反。这时，就给我们带来不少麻烦，正如上文中张三所说的那些话，用意明明出于友情，但效果却适得其反，得罪了所有的朋友。

所以，我们在人际交往中，言辞一定要慎重处理，切勿鲁莽行事。力求自己说的每一句话都明确具体、措辞得当，不要模棱两可，不要说那种话中有话的句子，以免引起误解而费力不讨好。

小林是公司的业务员，他尽心尽力，工作业绩还很不错，只是有一点儿不善言辞。一天，他到一家客户那里接洽生意，回到公司已经下午6点了，公司只有一位女职员还在工作。

小林心里想：她这么认真，也应该休息一下了。但是说出来的时候却变成："喂，你怎么还在公司?"

结果对方一听，满脸不高兴，愤然地说："哼，我现在就回去!"

怎么回事？自己本来是想夸奖她，却惹她生气了。这样下去，不但被她误会，也会影响到以后的工作。这可如何是好？小林有些茫然。

但他哪里知道，问题出在“你怎么还在公司？”这句话上。这句话听在对方的耳中，好像是：“怎么不快点儿回去？”何况又加上“喂”这样的语气词，难怪对方会有那样的反应。如果是男同事之间，也许一句“怎么，不行啊？”的玩笑话就带过了，但是，对方是女性，情况就不一样了。很明显，是小林的措辞不当。

在生活中遇到这种情况该怎么办？如果是男性就要先了解一些女性的忌讳，少说一些让她们不高兴的话。

容易让女性感觉不够体贴的话有：“我看你闲着没事，快过来帮我一下。”“你看谁像你，要是换了别人就不用我操心了。”“我说过你没那两下子。”“你怎么老出错！真是笨得可以！”“还没完成呀？你怎么总是拖拖拉拉的？”……

让女性觉得粗鲁无礼的话有：“喂，你要听着！”“先等一下，急什么？”“笨蛋，连这也干不好！”“还愣着干什么？”“你没长耳朵？往后靠。”……

让女性觉得讨厌的话有：“就知道吃，看你胖得像猪一样了。”“看你的妆化得像个妖精似的。”“你穿这衣服别提多难看了。”“女人真是麻烦。”“某某比咱们公司的所有女孩儿都好看!”“你看起来这么老，像几十岁的人。”……

在日常交往中，如果你不小心说了类似的话，就应该毫不迟疑地立刻表示道歉，并且大声地赔不是。然后，做一次深呼吸，再委婉地说明:“我说错话了，其实我不是那个意思。哎呀，我的嘴真笨!”

这样，在大多数情况下，对方听后心情都会转好，接着再交谈几句就没事了。如果对方仍旧生气，那就不要再说下去了。第二天早上碰到她时，先向她大声地问好，她的不快就烟消云散了。

一句亲切的问候可以增进彼此的友谊与感情，一句出言不当、生冷的话会得罪亲友或他人。因此，在日常生活中，特别是在为人处世上，我们一定要注意自己的言辞，切莫让对方误会，否则就麻烦了。

第二篇

你会做事吗？

——战术得当，无事不成

第四章　你认识谁，比你是谁更重要

谁说成功靠自己就行，也需要靠别人

社会上有一种人：他们能力卓越、见解深刻、才华横溢，本可以飞黄腾达，却偏偏过着艰苦的生活。这是什么原因呢？这些人虽然有才华，却也瞧不起别人，总认为自己是最棒的，是不可埋没的人才，因此自高自大，不能与周围的人和睦相处。所以，他们因为没有人脉，最后连才华都被埋没了。

所以我们说，没有人脉只有才华的人是不能发财的。如果想财源广进、飞黄腾达，人脉是不可缺少的。

大学毕业后的孙先生，找到一份报社广告部的工作。工作时，他经常接触到海尔、春兰、百事等大客户。他在给这些大客户搞创意、争取版面时非常卖力，从来不耍弄手腕，而且还会尊重他们的建议，这些客户对他的态度很认可，因此彼此间相处得十分融洽。

后来，孙先生出来自己创业时自然会想到这些过去的朋友，春兰空调正好在本市还没有专卖店，于是他就和销售部的负责人谈起这事，人家当然非常给他面子。在所有竞争对手条件都不相上下的情况下，他拥有了独家销售权。

人脉是资源！世界首富比尔·盖茨经常被问到是怎样成为世界首富的？他每一次都回答，因为我邀请了一些比我有能力的人来帮我工作。由此可见，一个人取得成功并不完全取决于他自己的才华，而是取决于他能够借助别人的力量。

众所周知，《水浒传》中的宋江，原本只是山东郓城县的一个小吏，然而，这样一个小人物，日后却摇身一变，成为威震四方的英雄，靠的是什么？朋友！是武松、林冲、李逵等人，如果没有他们，宋江能摆脱小人物的命运吗？

红顶商人胡雪岩也曾说过："一个人的力量到底是有限的，就算有三头六臂，又办得了多少事？要成大事，全靠同舟共济。说起来我一无所有，有的只是朋友。"的确，"一个篱笆三个桩，一个好汉三个帮"，这道理是显而易见的，世界上的百万富翁也都是这样做的。

当有人问：他们是依靠什么成为百万富翁的？著名的成功励志大师卡耐基的答案是：一本厚厚的名片夹。没错，正是因为拥有建立人脉的能力，他们才能成为百万富翁，成为被人追逐、崇拜的对象。所以我们自然也不能忽视这种重要的资源。

传奇人物王永庆，从做生意开始就非常重视建立人脉。

王永庆在刚开始做木材生意的时候，对客户的条件放得很宽，往往都是等到客户卖出木材之后再结账，而且从不需要客户做任何担保。不过没有一个客户拖欠或赖账，原因就在于王永庆不但了解每一个客户的为人，也理解他们做生意的难处。正是因为有了这份信任，客户很快就跟王永庆建立起了深厚的友谊。

华夏海湾塑料有限公司董事长赵廷箴，曾经与王永庆一起做过建筑生意。有一次，赵廷箴需要大量资金周转，于是向王永庆表明自己的困难。王永庆二话不说，立刻借给他十几根金条，还不收分文利息。这样的举动不仅帮助了赵廷箴，也让两人成了好朋友，自此以后，赵廷箴营造的工程上所需要的木材全都向王永庆购买，成为王永庆最大的客户。

王永庆后来回忆这段往事的时候说道："正因为结识了木材界的众多朋友，我才能在木材业迅速崛起，站稳脚跟。"后来，王永庆一直在建筑业发展，并且木材厂的生意非常兴隆。到1946年，也就是王永庆30岁时，他已经积累了5000万的资本了。

人是最大的资源，不管做什么事情，都有人的因素。被称为"赚钱之神"的邱永汉说："失去财产，仍有从头再做生意的机会，失去朋友，就没有第二次机会了。"

世界潜能大师陈安之在《超级成功学》中说："成功靠别人而不是靠自己。"这个观点乍听起来是有点儿不可思议，但是仔细琢磨，其实是非常有道理的。

打造属于你的"人脉档案"

人脉的重要性怎么强调都不过分，那么该如何经营好人脉呢？建立一个专属于自己的"人脉档案"是很多人的选择。

1. 将人脉资源分类

通常来说，人脉资源主要包括以下三类：

个人网络。即我们的家人与朋友等关系极为亲近的人。

社会网络。就是与我们联络相对频繁的人，如亲密朋友之外的同学、公司及前公司的同事、邻居或者朋友的朋友等。

专业网络。例如专业协会、俱乐部、校友会等圈子里认识的人。

搜索一下朋友圈、电话本等，将所有能够联系上的人都划分为这三种类型，列入名单中。通过这份名单就能看到自己的人脉中有哪些不足，日后要加以改进。除了记录这些人的基本资料外，如果能够将他们的兴趣、专长、个性等资料都记录下来就再好也不过了。

2. 建立"朋友档案"

做好人脉分类之后，就要先将最亲密的那一类归入"朋友档案”，这个档案中的人将是我们着意经营的对象。

同学是朋友中非常独特的一类，只要在校园里关系亲近，之后就算很久不见面，再联系时依然会有亲切感。毕业数年后，同学们可能会分散在全国各地乃至世界各国，从事着各种不同的行业，虽然多数人依然在为生活而奋斗，但难免有的成了某一行业或某一领域的“重量级”人物。当我们需要帮助时，老同学这层关系会成为得到对方帮助的一大筹码。如果你善于交际，将大学、中学、小学的同学都纳入关系网内，会是人生中一笔很大的资源。当然，这就需要我们付出一定的时间和精力去参加同学会、校友会等，并时常注意他们的动态，对于他们的住所、工作等资料要随时更新，以防必要时找不到人。

同学及朋友的资料是最不应疏忽的。我们可以记下他们的生日，在他们生日时打个电话祝贺一下或者请他们吃个便饭，这些简单的事就能够让双方的感情维系下去。若能维持好这些关系，就算他们帮不上我们什么忙，在我们需要帮助时他们也会介绍朋友来助我们一臂之力。

除了这些相对亲密的朋友，对于那些在应酬场合认识的仅仅交换过名片的点头之交也不可忽视。这些人身处各行各业和社会的各个阶层，我们或许不必刻意去结交他们，但有必要留下他们的名片并记住他们的特征，以便下次见面时能够一下子认出来，或许就能从此成为真正的朋友。

3. 善用“朋友档案”

“朋友用时方恨少。”我们不要懒惰、不要怕麻烦，跟每个朋友都要保持一定程度的联系。朋友除了能够在关键时刻帮我们的忙，还能够尽心尽力地为我们出谋划策，对我们提出高要求，让我们做事时不敢松懈和放弃。建立“朋友档案”的目的，当然是希望朋友能够帮助自己。加深对朋友的了解之后，希望得到他们的帮助甚至与他们交往时就容易找到共同话题，与他们取得共鸣。

美国前总统克林顿是这样保持他的政治关系网的：“每晚睡觉前，我都会在一张卡片上列出我当天联系的每一个人，注明重要细节、时间、会晤的地点以及与此相关的一些信息，然后输入到秘书为我建立的关系网数据库中。这些年来，朋友们帮了我不少的忙。”

纽约一家面包公司的老板戴维始终希望将自家的面包卖给纽约的一家大型酒店。于是，在长达四年的时间里，他几乎天天给这家酒店的老板打电话，并参与该老板参加的每一场社交聚会。由于这笔订单关乎着公司的前途，于是他毫不吝惜地常年在该酒店订一个房间，目的就是多与这个老板商谈。遗憾的是，这家酒店有固定的供应商，相比之下戴维的面包似乎没有太大的优势。

于是，戴维决定改变策略，他收集了这家酒店老板的个人资料，终于找到他最感兴趣、最热衷的东西。原来这个老板是

“登山爱好者”协会的一员，而且是这个协会的副主席。协会的会议和组织的登山活动，这个老板无论身处何方都会赶去参加。得知这一点后，戴维再见到那个酒店老板的时候就有意将话题引到这个协会。这次会谈长达半个多小时，话题全都围绕着该协会。戴维恰巧也喜欢登山，两人的交谈更是充满热情。在戴维离开老板的办公室前，老板还把一张会员证给了戴维。再次见面，两人就在一起登山了，这次两人已经像老朋友一样交谈了，戴维依然一点儿都没有提到卖面包的事。在这次登山的几天后，那家酒店的厨师长打电话要戴维把面包样品和价目表送过去。很快，这笔改变戴维公司命运的生意顺利达成了。戴维事后说：“这四年里，我千方百计地想与酒店的老板谈成这笔大生意。如果我不建立他的个人档案，不了解他的兴趣所在，那么我至今也不能如愿。”

4. 选择“关系核心”

我们身处的并不是一个等级森严的社会，但是分工明确、秩序井然的特点依然存在。所以，我们的“人脉档案”必须是可变的、有机的和充满活力的。这种架构能够适应社会日新月异的变化，让我们编织出成熟而灵活的关系网络。

社会学家研究表示，良好、稳固而有力的关系核心是由10个左右的人组成的。之所以是10个人，是因为强有力的关系需要我们一个月至少维护1次，而维护10个人或许就会耗尽我们所有的时间。这10个人可以是我们的家庭成员、朋友以及过往职业生涯中联系紧密的人，你们彼此都希望对方成功、幸福。一旦建立稳固的关系，就可以激发出双方的强大能量和创造力。此外，还要尽量选出15个人来作为“10人内部圈”的后备力量，与他们保持次一级的密切联系。一旦你的关系核心失去一位，就可以从后备力量中选出一人补充进来。

人情不是无限的，不要“透支”了

人都是有感情的，感情就是人与人之间相互联系的纽带，我们通常把人与人之间的感情称作“人情”。我国是文明古国、礼仪之邦，在人际交往中，向来是很讲人情的。但是人情的利用也讲究原则和分寸，耗用无度只会适得其反。

肖先生很上进，毕业参加工作后，并没有放弃自己的学业。经过努力，他考入了一所大学攻读在职工商管理硕士。兴奋不已的周先生在拿到上课通知时，一下子变得垂头丧气起来，因为学校方面安排的课程居然需要占用半个工作日，而肖先生所在的公司从来都没有让员工每周半天外出读书的先例。公司同事听说肖先生要读书这回事后，都力劝他放弃这个想法。因为公司原先有个职员由于同样的情况，竟然被公司无理由地炒掉了。炒人的通知上居然还如此声称：因为我们是公司，不是学校。

肖先生忽然想起去年曾在一个朋友的婚礼上与公司的副总

偶然相遇，很愉快地聊了一会儿。记得副总当时说了一句，“以后有什么事需要帮忙的，尽管找我”，并留了私人电话给他。肖先生决定试一试，晚上他鼓起勇气给副总打了个电话，委婉地说了自己的处境，请他帮忙拿主意。最终决定的结果令肖先生十分开心，公司破例批准了他的请求。这就是人情的力量，谁能说它的威力不够大呢?

虽然人情的威力很大，可以帮我们做很多原来以为不可能的事，但是人情并不是取之不尽的，任你自由取用。相反，人情就像银行的存款，耗用无度也是会入不敷出的。

当医生的赵丽娜早在两年前曾因自己孩子转学一事求过教委的一个同学，而且也送了些礼物，可对方没要。这下可好，在接下来的两年内，那个同学便多次带着亲友来医院找赵丽娜帮忙。有些事根本不能办，像半价 CT、婴儿性别鉴定、高价病房算低价等，着实给赵丽娜出了不少难题。还了人情的赵丽娜，后来就想办法渐渐疏远了这个同学，再后来两人就索性不再来往了。可见，依靠人情办事是有一定限度的，透支了反而令人尴尬。

张先生毕业于某名牌大学中文系，几年来在文坛上也算小有成就，后来接管某杂志。由于该杂志的财源并不丰裕，不仅人手少，稿费也不高，但他又不愿意因为稿费不高而降低杂志的水准，于是他开始运用人情向一些作家约稿。这些作家由于和他都有过交情，也都点头应允了。但是一次两次还好，后来次数多了，他们就开始找各种借口推托。他也不知道是什么缘故，暗自纳闷儿。经过他的再三催问，其中一位终于坦白地跟他说："我是以朋友的立场写稿的，你们的稿费太低了，错不在你，但你这样做是在无度地耗用人情。"如此，他才恍然大悟。

人和人相处总是会有情分的，这情分就是"人情"。有些人喜欢用"人情"来办事，但"人情"是有限的。我们说过，它就像你在银行的存款，你存得越多，领出来的钱就越多；存得越少，领出来的钱就越少。你若和别人只是泛泛之交，你能要他帮的忙就很有限，因为他没有义务和责任帮你大忙，你更不可能一次又一次要他帮你的忙，因为你的人情存款只有那么一点点。

无度地耗用人情的结果如何？一般会造成两个结果：一是会使你们之间的感情开始转淡，继而让他对你避之唯恐不及，那么有可能进一步发展的情分就此断了；二是你在他眼中变成不知人情世故的人，这对你是相当不利的。然而，一个人做事不可能单打独斗，有时还是要用到亲戚朋友。换句话说，就是要动用到人情存款。

那么，如何动用才不至于"无度"呢？

做好估算，尽量把人情用在刀刃上。先弄清你与对方的交情究竟有多深，人情究竟有多重，然后再掂量事情的分量，看看是否适宜找对方帮忙，千万不要没个轻重缓急。动用人情的次数要尽量少，以免提早把人情存款用光，那样，就会“情到用时方恨少”。

有些人本来就容易忘恩，所以就是对方曾欠你一些人情，你也不可抱着讨人情的心态去要求对方帮忙，因为这不仅会引起对方的不快和反感，还会让情分到此结束。

人情储蓄不能即存即支。如果你急于找后账，急于在这笔人情账中得到回报，你就犯了人情世故的大忌，你就会在找这笔后账中既丢掉了人情，丢掉了面子，也丢掉了做人的原则和进退的分寸。

对一些斤斤计较的人要特别注意，你们纵然交情再深，也不可轻易找他帮忙，否则这人情债就会像在地下钱庄借钱那样，让你吃不消。还要懂得适度回馈，如果你不管不顾，动辄就求人帮你的忙，那么随着时间的推移你就会慢慢变成一个不受欢迎的人。当然也有主动帮你忙的人，但切勿认为这是理所当然的。你若不适度地回馈，这也是一种“耗费”，要注重长线投资。俗话说：“路遥知马力，日久见人心。”大多的人情投资都需要较长的时间才能结出果实，毕竟人与人之间的理解与信赖需要一个过程。

把人情做足，半途而废的人情最糟糕

你要是想使自己的人际关系更和谐、更牢固，就一定要把人情做足，一次到位。

朋友相处时，一定要待以真诚，人情是保持友情的要素之一。若没有了人情，友谊关系便会淡薄，甚至消失。因此，与人相处，一定要注重人情。

曾华请好友林恺伦帮忙办点儿事，林恺伦想也没想就一口答应："交给我你就放心吧。"后来，林恺伦倒是给曾华帮忙了，可是只帮到一半就搁置了。曾华知道后心里别扭，可是又说不出什么来，只能在心里埋怨林恺伦："答应了帮忙就帮到底，这哥们儿，做到一半不做了，这不让我难办吗?"

答应了帮忙就要帮到底，帮到一半就放弃，不如一开始就不答应，因为半途而废让当事人特别尴尬："早知道你做不到，这事我就不让你帮忙了，但现在你已经开始做了，却只做了一半，真让人左右为难。"若是你出现过帮人帮到半途就放弃的情况，尽管初心很好，却不会在朋友那里落人情，反倒遭朋友抱怨，还会影响自己的可信度，说话不算数的朋友谁都不愿交往。人情只做一半，反会出力不讨好。

同时，要注意送他人人情时，一定是豪爽、大方的，若你在此时表现得心不甘、情不愿，就算你自我感觉做足了人情，对方也会因为你的神情而耿耿于怀。既然答应了人家，就不能做得勉勉强强。

小李终于把心仪已久的书买回来了，放在书架上还没看。恰好这天小刘来串门，看到了这本书，他也特别喜欢，就想借回去看。小李很犹豫，说："你要借啊，这是我刚买的，还没看呢!"小刘神色黯然，有点儿不高兴。小李感到过意不去，就又说："要不你先看吧，我借给你了。"小李最后还是把书借给了小刘，可是因为先前小李的话，小刘心里还是有点儿不舒服。

站在旁观者的角度，一眼就能看出来，小李不该说前面的话的。既然打算借给人家，就不如爽快地借给他，可获得充足的人情。

另外，注意在送人情时要表现得举重若轻，而不能拈轻怕重。所谓举重若轻，就是即使你给别人帮了大忙，也别做出一些邀功的行为引起别人误会，最好的做法就是和平常一样，保持冷静。朋友之间常有这样的应答："哎呀，可太谢谢你了。""咱哥们儿，谁跟谁啊，没事儿。"一句话就表现得举重若轻。朋友请你帮忙办事，说明这件事你是容易办成的，如果他自己能办得成，也不会找你了，这是很明显的事情。所以，你能办成肯定有功劳，用不着你自己再时时炫耀、自夸。

人情要做足，不仅表现在给别人帮忙时举重若轻，在还人情的时候还要更足，让你的人情大于对方送给你的人情，这样你才会得到他以后的人情。朋友间的人情账是一辈子也没法算清的，就某种意义而言，正是这些没法算清的账，架起了友谊的桥梁。

提醒一点，想要送人情也要看清楚对象，人情不要盲目地送。生活中，并不是好心都会有好报的。你要是以为好心都有好报，做完了人情必能换来交情，就未免太“书生气”了。因此，在决定做人情之前，一定要做好利弊的分析、权衡，对自己、他人、社会有害的就不要去做。还有，在和朋友交往的时候，你要设身处地为朋友着想，在他最困难、最需要帮助的时候，无偿地伸出援助之手，朋友会永远感激在心。

人情要做足，半途而废的人情让人左右为难，同时还会对原有的人际关系有所影响，人情只做一半，终究会前事尽废，到头来什么都得不到。

综上所述，做人情就一定要做足，以达到进一步优化自己的人际关系的目的。

第五章　有礼有节，心想自然事成

登门拜访，你需要知道这些

登门拜访也有很多礼节，如何拜访，拜访之前怎样约对方，拜访时应该注意哪些细节，怎样掌控拜访的时间及拜访结束时的告别用语，这些都是我们在去拜访别人时需要特别注意的地方。

1. 先预约再登门

在拜访之前，应该先打个电话预约，或者提前说定时间。除非是老朋友，否则突然造访对于一般人来说是非常忌讳的，因为很可能因此打断了别人的日程安排和工作计划。

现在的人对于时间的安排，可谓分秒必争。对于办事的人来说，几分钟、几小时的时间可能不算什么，可是对于别人来说，尤其是生意人，却可能因此带来严重的困扰。

预约的时候应该尽量配合被拜访的人，尤其是要拜访工作繁忙、日程安排很紧的人或者是德高望重的人，更应该尊重对方的生活及工作习惯。

预约的时间也应该注意。一般来说，提前预约的时间越早，时间上的空当就越大，对方就越容易安排，但是凡事有利也有弊。如果时间约得过早，则易发生意外，对方变卦的可能性也就大，因此要把握好预约的时间。

不能有失约或不守时的情况出现。守时被现代人非常推崇。不管是什么原因，不守时都是一种很不礼貌的行为，这是非常让人反感的。如果一个人去拜访时，能够提前几分钟到达所要拜访的地点，做一个守时的人，那么对方无疑会认为你是一个非常懂得人情世故的人，印象也会好一些。另外，如果你代表的是一个公司或者企业，那就更应该有时间观念。

在拜访之前，打电话告知对方，并确定见面的时间、地点，这是最起码的礼节。一旦把时间、地点确定以后，就应该考虑到交通状况或者偶然事件。因此提前弄清楚交通路线、路况是十分必要的，以确保在预定时间内到达预定地点。

如果确实发生了意想不到的事情，估计自己不能准时到达，那么应该尽早与对方联系，说明情况，再重新约定拜访的时间。

2. 拜访时，要大方地接受主人的招待

大方地接受主人的招待，这是对他热情款待的最好肯定。比如去朋友家做客，朋友会热情地招呼你入座，然后请你喝茶、吃水果或点心，这时候最好别不好意思，而应大大方方地接过来吃，以表示你接受了他的热情招待。这样，朋友自然会感到你的亲切与随和，与你的距离也就更近了。

李扬和同学徐辉一同去拜访一位仰慕已久的老师。到了老师家里，师母亲切地招呼他们吃水果，并热情地给他们一人削了一个苹果。因为是初次上门，李扬觉得不好意思，所以再三推辞后才接过苹果放在桌角上。热情的师母看了看他没说什么，却同接过苹果就吃的徐辉聊起了家常。

3. 掌握拜访的时长

拜访的时间如何掌握？这也是在拜访中应该注意的一个问题。

商务拜访不宜时间太久，但是也不能事情办完后就立刻起身告辞，要掌握一点儿技巧。如果对方意犹未尽的话可以陪他聊聊天，从而拉近双方的距离。

如果你认为在谈完事情后需要立刻离开，就不必过分迁就对方，担心起身告辞会造成不好的影响，因为是你去拜访对方，提出离开的主动权在你。一般情况下，主人不会提醒你该离开了，也不会强迫你告辞。

想要走的时候最好不要说：“就这样吧，今天到此为止！”语气应该婉转一点儿，让对方主动，你可以说：“我完全同意，如果您对这件事没有意见的话……”对方当然明白你的意思，从而顺水推舟地说：“没问题了，今天就这样吧。”如此的言行能体现一个人的礼貌和素养，会给人留下较为深刻的印象。

还有一种情况，那就是和对方约定了谈话时间，但是照目前的情况进行下去，肯定无法在约定时间内结束谈话，那该怎么办呢？

这种情况需要具体情况具体对待，视那件事情的重要程度，再决定是否延长时间继续谈下去。若事情对双方来说都很重要，那么双方都会乐意继续谈下去，但是也应该跟对方说一下，征得对方的许可；如果事情对自己很重要，但对对方无关紧要，则应该用委婉的语气向对方说清楚，表示会再耽误他一点儿时间，并请求他允许。如果对方同意，则可以继续，若对方还有别的事，则应该顺势约定下次会面的时间；如果不能确定，则需要之后再打电话联络以约定拜访时间；如果接下来的事不太重要了，那么在对方没有要留你闲谈时就应该起身告辞。

4. 告辞时要有礼貌

告辞的时候应该大方有礼貌，不可以因为事情没有谈成功而心怀不满，也不能因为事情成功了而得意忘形。

一般来说，对方会送你到门口，为你拉开门，说："请。"在谢过对方之后不用再客套，大方地走出去就可以了。

有些时候对方只是客套，所以要给人一个台阶，看到对方想送你的时候，告诉对方不必再送，如果对方接受你的意见，你就直接出去。如果对方坚持要送你，你表示了感谢之后也不要再坚持，让对方把你送出门口。

登门拜访是社会交际的一部分，掌握拜访的礼节要求才会做到不失礼。如何拜访，怎样预约和掌握拜访的时间等问题是在去拜访别人时需要特别注意的地方。

敲门看似是小事，但也暗藏玄机

无论是走亲访友，还是面试、见领导，到了门前都需要抬手敲门。说起敲门，就是一个常见的随意的动作，只要举手去敲就是了，没什么神秘的，能有什么大的学问？其实不然。有时，是否正确敲门，对交际的成败具有至关重要的作用。

为什么说敲门很重要？因为敲门这一举动是在表达一种语

言和信息，它的作用主要有两个，一是发通知，让屋里人知道有人来了；二是表达一种请求，请求对方允许自己进去。这样，人未进，但声音已至。事实上，敲门作为一种信息，其中含有敲门者独有的个性特征。敲门者的性格和作风会随着敲门声传递进去，主人会根据不同的敲门声来决定对敲门者的态度。这就是为什么都是敲门，最后的结果却有所不同的原因所在。

敲门具有这样重要的作用，那该注意些什么呢？下面给出几点以供参考：

1. 进门前先敲门

进门前先敲门，这是最基本的礼貌和交际常识。到了受访者门前，不要急于敲门，注意在敲门之前要先观察，一般来说，只要有门铃的，就要按门铃，而不是敲门，要不然可能会引得主人不高兴。若要进领导或他人的办公室，必须先敲门，得到允许后方可进入。不要不敲门就径直而入，这种行为很不礼貌，特别不受欢迎。尤其是作为陌生人，就更应该注意，若不敲门就径直走进去，有很大可能会被当作不速之客。

2. 敲门用力要适度

敲门要注意用手指关节，力量适中地屈指敲门，声音适度，清晰、响亮。敲门时，切忌用手掌啪啪拍门，或者用拳头把门打得砰砰响，这样做，门会因为动作大而振动过大，发出巨响，这是噪音，会使人产生恐惧感，使人心惊肉跳，让人十分反感。更不要用脚踹门，声音大且不说，这是对主人的蔑视，这种行为非常不礼貌，最令人恼火。

3. 敲门应把握节奏

敲门的时候，不要连续敲，一次敲三四下为宜。第一次敲完后，若主人没有及时开门，就停顿一下再敲，不要没完没了地敲。因为不管屋里是谁，走去开门都需要时间，若非急事，不要用力连续敲门。连续敲门，容易造成一种急促感，使人听了会过分紧张。

4. 敲门要因人因事而异

一般情况下，文明的敲门方式是受到人们欢迎的。遇到受访者家中有事情，不愿意受到打扰，他们就会对敲门者有选择地开门，这时，就会根据敲门的声音和节奏，决定开不开。如果是有节奏地轻轻敲，屋内的主人是不会拒绝一个很有礼貌的、讲文明的人来访的，就算家里有事，听到这样的敲门声，他们也会停下正在处理的事情而去开门。此外，具体情况具体操作，每次敲门的力度和方式都是不同的，就算只是简单的敲门，也要敲出个性来。敲门能反映一个人的性格、修养，也能反映彼此的关系。关系密切常来常往的，只要听到敲门声就知道是谁来了。若恰好主人在思考问题或者处理一些重要的事情，他听到敲门声没有特色，一般不会开门。可是你有事又必须打扰，这时就应该用只有你才会用的方式敲门，才能达到目的。

5. 敲门不开适可而止

若敲了几次门依然没人开门，这显示了两种情况，一种是屋里没人，一种是屋里有人却不愿开。这时就不要再敲了，即使敲开了人家也没有好脸色，还是知趣地离开为好。当然，有急事除外。

赵磊在一家大型外贸公司就职。这一天，赵磊手里有一份文件需要领导签字，像往常一样，他带着文件来到领导办公室外准备敲门，这时他听到里面传来斥责声，声音很大，能明显感觉到领导现在正怒火冲天。赵磊当即知道这时不是敲门的好时机，于是他就等在门前。不一会儿，另一部门的一位同事脸色难看地从办公室出来了。赵磊又等了两分钟，然后轻轻敲了一下门，里面没有动静，赵磊又轻轻敲了一下，里面依然没动静，他知道领导必定还在气头上，就没再敲门，转身走了。

没多久，同事吴华也来找领导签字。他第一次敲门没有得到领导的回应后，接着又“咚咚咚”敲了好几遍，终于传来领导没好气的一句“进”。一进办公室后，吴华就感觉到领导的怒气了。以往只要领导签完字，他就可以出去了，这次领导却没有放他走，而是就其他工作，把他痛斥了一顿。吴华从领导办公室出来后，因为没头没脑地被领导骂了一通，真是太委屈了。赵磊知道后，就对吴华说：“敲两遍门领导肯定就听到了，他不出声就说明他或者在生气，或者有事情，不想被人打扰。你怎么非得一遍遍地敲，这不是往枪口上撞吗？”

总之，敲门虽是小事，却也暗藏玄机。当你举手准备敲门的时候，最好想一想选用哪种敲门方式，记住一定不要乱敲。

一个人的文明程度往往能通过生活细节体现出来，虽然敲门在生活中是一件不值一提的事情，但正是在这样的小事中才能体现出你的礼貌。懂礼的人，就算是敲门也会让人感到愉快。

没有礼貌，什么事都别想办成

正如“礼貌是沟通心理学的外在表现”这句话所说，礼貌是良好修养的外在表现，是通行四方的推荐书。礼貌具有极大的价值，而且能很容易做到。礼貌不用花费金钱，却能赢得许多。有礼貌的措辞是请人办事的开始，用语礼貌，能在短时间内得到对方的认同，愿意帮你办成你想办的事。即使是关系很密切的人，在措辞、语气上讲究礼貌也非常重要，对方能从你的礼貌中感受到尊重，你们的感情也就会进一步加深。相反，一个无礼之人，哪怕是一件举手之劳的事，别人也不愿意帮助他。

相传有这样一个故事。很久以前，有个年轻人赶了很久的路，这时天色渐晚，年轻人和所骑的马都非常困乏，急于找地方休息。可是荒山野岭，人影都不见，到哪里去找客栈？他骑着马，转过一个弯，恰好看到路边有一个老汉正放下担子休息，他就着急地在马上大声喊：“喂，老头儿，这里离客栈还有多远？”老汉回答：“五里！”年轻人也没说声谢谢，一拉缰绳就走了。快马疾驰，走了很久，仍然不见人烟。他想：“这个老头儿肯定是骗我的，走了这么远，依然没见有人家，今晚住哪里呢？我一定要回去教训教训他。”年轻人一边掉转马头往回走，一边念着：“五里，五里。”突然，他醒悟过来：“五里！不就是‘无礼’的谐音吗？”

年轻人一醒悟，就立即快马加鞭往回走，当看到那位老汉挑着担子在前面慢慢走着时，他立即拍马上前，超过老汉时立即拉住缰绳，翻身下马，谦恭地喊了一句：“老大爷。”没等他把话往下说完，老人便说：“天黑了，你要是不嫌弃，就去我家住一晚吧。”年轻人第一次问路的时候，既不下马，又出言不逊，老汉见他没有礼貌，就随口说：“五里。”年轻人为自己无礼的言语付出了多走很长一段路的代价。当他醒悟后，立即转换方式，对老汉以礼相待，老汉便热情地留他住宿了。

就算只是简单的问路，都需要懂礼貌和正确措辞，更别说求人办事之类的了。

想要请求他人帮忙，首先说话就要有礼，以“礼”为先。具体来说，要注意以下几点：

1. 多用礼貌用语

在措辞和称呼上，要用语礼貌，少用或尽量不用不礼貌的词语。要多说“您”，少说“你”；多说“我”“我们”，少说“咱们”；多说“先生”“夫人”“太太”，少说“老头儿”“老太婆”；多说“女士”，少说“女的”；多说“您的同伴”“与您同来的那位先生”，少说“那个人”“跟你一起来的那个男的”。

请求别人帮忙时，多用尊重的措辞，才能使他人热心相助，要多用“请”“谢谢”。比如“您好，能请您帮我将行李放到架子上去吗？”“请您把窗户打开一点儿行吗？我有些晕车。”“请问一下，您知道离这里最近的建设银行怎么走吗？”措辞无礼，便会招人厌弃，甚至发生不愉快的口角。

2. 运用一些客气的求人方式

在请求他人相助时，最好把具体原因说出来，让对方感到应该给予帮助。比如“隔行如隔山，我对计算机的硬件软件都丝毫不懂。知道您是内行，所以专门来请您帮忙修理了！”在提出请求时，如果把有关理由讲清楚，就会显得合乎情理，令人欣然接受。

若是被实情所迫，不得不向对方提出请求，一定要把实情说出来，让别人知道你确实是出于无奈才寻求帮助的。比如“真是不该再麻烦您，但是实在没有办法，只好请您帮忙了。”另外要特别说明的是，在求人办事的时候，对方或许正处在不适合打扰的时间或场合，而这时候又不得不麻烦人家，这就应该表示知道不妥，求得人家谅解，以免显得冒失。

一定要先表示出对对方当时境况的了解和体谅，之后再说出自己的请求或者想法。比如“我知道您的时间很紧，可我实在没办法，只好来打扰您了。”记住，充分体谅别人是求人的重要原则，这个原则除了在行动中有所体现，同时在话语中也要表达出来。

3. 让对方可以接受

我们在对他人有所求的时候，往往会将大事说小，这样做并非对对方轻视或者变着法使唤人，其目的只是为了适当地减轻因为事情重大给人造成的心理压力，同时自己也更容易把请求说出来。比如“请您帮我办这一件事就行了，其余的我自己再想办法解决。”

4. 尽量表示恭敬

在向他人寻求帮助时，尽量向对方表示恭敬，这是最传统的、也是最有效的一种做法，这样做，能使人感到备受尊重，乐于从命。比如“您老就不要推辞了，这件事只有您能办！”

5. 委婉地提出请求

相对直接的表达方式来说，间接的表达方式显得更有礼貌，也更加容易得到他人的帮助与认可。另外，在说出请求时，多用商量的语气以表示对对方的尊重。比如“您能否帮我把这事办好？”“请您明天到我办公室来一趟，好吗？”“您能告诉我，到西单图书大厦怎么走吗？”这种说法，比“你一定要把这件事给我做好！”更让人容易接受。

每个人都更喜欢听客气话，而非命令式语言。如果你不懂心理学，又不懂“礼”，即使是举手之劳，别人也不一定愿意帮你。反之，如果你能以“礼”求人，用语礼貌，行为礼貌，对方见到你的素养以及对他的尊重，就会很乐意帮忙，这时，求人办事就轻而易举了。

第六章　技巧在心，求人天衣无缝

求人办事，要小心这些语言习惯

如果想求人办事，那么在向对方开口之前，就要找到好方法和好对策。求人办事最重要的是想办法与对方做更多的交流，进行更多的沟通，循序渐进。沟通时要注意自己的态度和语气，逐渐加深相互间的了解，增进感情，这时候再求人办事就相对容易一些了。

1. 大大方方地说

有一位男性妇产科医师，最开始时，他不好意思给来做孕检的孕妈妈们做检查，而那些孕妈妈们一遇到他也会不好意思。后来，他想了很多办法，终于说服了自己，也让孕妈妈们乐于接受他的检查。他是怎么做的呢？是凭着三寸不烂之舌说服各位孕妈妈的吗？其实并不是，只是每次在给孕妈妈做检查前，他都会开门见山地说："今天我想麻烦您跟我合作，我希望能检查出胎宝宝的准确情况。我是妇产科医师，更好地为您服务是我的责任。"当一见面就把造成紧张不安的话题说出来后，你便会感到如释重负，摆脱窘境以后，你才能够以轻松、自然的语气交谈。

可是，如果你在最初的时候就给对方传递的是紧张、恐惧、担心等负面情绪，对方往往会产生怀疑，以至于将心封闭起来，使进一步的沟通变得困难。

下面就将常见的导致求人失败的几种话语列出来：

①让人情绪低落的话；

②急于求成，催促对方的话；

③推脱责任的话；

④责备对方的话；

⑤猜疑对方身份、权力的话；

⑥唯利是图、充满铜臭味的话。

其实只要想象一下自己面对请托者所说的上述这几类生硬的、让人丧气的话，你就会很自然地对对方产生怀疑，甚至出现反感的情绪，也不会帮他的忙了，就连和对方交谈的兴趣都没有了。

2. 不要这么说

求人帮忙时的交流，有别于平时的随意聊天，这时一定要遵循循序渐进的原则，说话不能草率，因此，必须注意自己的说话方式：

①喋喋不休，或经常抢白，不给对方开口的机会；

②交浅言深、不分亲疏，这样会让人感觉你华而不实；

③自我吹嘘而轻视他人——请记住，尊重他人就是尊重自己，人敬我一尺、我敬人一丈，这些都是通用的定律；

④说话声音太小以致听不清楚，或者说话太快、战战兢兢，这些说话方式都不可取，因为这样表现了你的自卑；

⑤话题不统一，东拉西扯没有条理，让听话人很难明白你想要表达的究竟是什么；

⑥交流时一副看穿别人的眼神及说话方式，并且总是使用对方不懂的术语或专业语言，这非常容易引起对方的强烈反感；

⑦对关键问题进行回避，或者搪塞、打马虎眼，丝毫不说出重点——“说明”，贵在“明”，如果所求不“明”，谁会答应你呢？

⑧含糊其词，使人燃不起热情——求人商谈，要目标明确，引起对方的共鸣，含糊其词会让人失去兴趣。

3. 多听对方说

不要打断对方表达的兴致，相较于贸然插嘴，点头示意更受欢迎，也可爱得多。

求人时的交流，包括了“听”“说”两个方面，因此，这两方面都不可疏忽。很多人在交流的时候，往往只留意自己所说的话，对对方所说的话却很少注意。

在日常沟通与交流中，很多人都会犯这个毛病：交流时，脑子里只充斥着“接下来该说什么话？”而往往忽视了对方所说的话，这时要是对方所说的话有言外之意，你根本听不出来，更别说理解了。

会说话的人会特别留意别人所说的话，并适时提出自己的意见。最理想的谈话形式是听七分、说三分。

交流中若是认真听取对方的话，你就能及时发现问题并做出恰当引导，提出疑问，如“为什么会这样呢？”或者“嗯，我也有同感！”如果你没有用心听，只能含含糊糊地说：“哦，这样啊！”前者的核心其实是用你的话再把对方所说的话表示出来。简单地说，就是和对方同调，借用语言以承认对方的价值，会令对方觉得你是个善解人意的人。

4. 方便时再说

要掌握求人办事时的谈话中最重要的一点，即要让对方在听你说话之前，就做好听你说话的心理准备。例如进行电话沟通，在打电话时要使对方有心理准备，最有效的方法就是先问对方："您现在是否方便接我的电话？"

直接向对方询问是否方便，你就给对方留下了诚实的印象。同时，这样的开场白，也可使对方做好听你说话的心理准备。有时候对方可能会对你说"我只有 3 分钟"，可是一旦你开始说话，就算你将时间拖长了一些，对方也不会不高兴。

如果对方告诉你此时不方便进行沟通，但是当你询问对方什么时候方便时，对方也会给你一个确切的时间。

5. 不说丧气话

有些人在求人帮助的时候过于贬低自己，就像这句话："你也看到了，我真的太没用了！"或者说："像我这样的人，就是一个可怜的无能之人罢了！"尽管你想以此表示谦虚，但如果你不希望别人觉得你是个阴沉的人，最好不要用这种对自己不利的语气评论自己。

当然，只是偶尔这样说倒没什么，但一定要控制自己的这种表达，不能形成习惯说法。那对方会有什么样的反应呢？或许一开始并没有特别在意，但如果每次见面所听到的都是这种腔调，便会产生没必要和这种人见面的想法，因为没意思、不值得。甚至对方可能会产生一种想法：这人不是谦虚，而是真的没用。这一点即是心理学所谓的“累积暗示效果”所产生的作用。

因此，一个人若过于贬低自己，不仅对自己有害无益，甚至会适得其反，令他人认为你真是如你自己所说的那么一个人。试想，别人今天帮了你，或多或少是想到你明天会对他有帮助，但是你一直强调自己毫无用处，最后的结果也就可想而知。

6. 混熟了再说

一般情况下，当你向关系亲密的人求助，或者很熟悉的人求助，这时可以稍微随意一些，当然也可以直截了当。但当求助于关系一般的人、生人或社会地位很高的人时，则通常需要一个“前导”过程。

前导过程在操作时，要根据情况做出具体调整，也就是说，这个过程可长可短。举一个很形象的例子：有个人偶然之间见到了慕名已久的偶像，因此特别想和对方合影留念，于是开口便说：“可以和您合影吗？”虽然这句话本身不是粗鲁的语言，甚至还可以说是带着征询口气的礼貌用语，可用在这样的情境下并不妥当。就算只是一个普通人，多数情况下都不会愿意和一个完全陌生的人合影留念，更别说名人了，因为许多名人即使是在某一特定的场合（如在某个会议上）勉强和一个陌生人对着镜头笑了笑，但他心中或许并不高兴，因此最好避免提出这种唐突的请求。

7. 用探问口气说

在求人办事以及谈判时，提出的虽是我方的要求，同时也要向对方询问意见。

例如，与其说："我 11 点来拜访您！"不如说："我 11 点来拜访您，好吗？"或"您明天 11 点有空吗？我能不能在这个时间来拜访您？"

这些话都是一个意思，但是后面两句比第一句更温和，所以给人的感觉就会很不一样。从命令转为请求，从要求变为询问，语言的妙处真是无穷。

8. 巧接话茬儿说

当受托者以忙碌为理由拒绝你时，不妨对他说："正是因为您忙才会拜托您啊！"

有位杂志社编辑，他以擅长邀约忙碌的名人为其杂志写稿而闻名。他实际上并没有特殊的邀约技巧，只是拥有一套针对被邀请者以“我现在很忙，恐怕帮不上忙”为托词的说辞。

“我当然知道您很忙，正因为您是个大忙人，我才会请您为敝杂志写稿。对那种每天无事可做的人，我完全不期待对方能拿出好作品来。”这个方法的使用总能收到预期的效果。

一般来说，当对方拒绝的理由非常清楚的时候，我们就知道已经很难打动对方了。特别是在对方给出了我们无可辩驳的理由时，我们就更不敢启齿拜托了。

这种人心理守备都相当坚固，如果我们拜托道：“请尽量设法好吗？”这样说反而会增加彼此之间的紧张感，也就更没办法将对方说服了。要攻克这种对象，让他不得不答应，最好的办法就是像那位编辑一样，直接将对方拒绝的理由转变成夸奖对方的材料，如此必然能提高成功率。

换句话说，就是“以子之矛，攻子之盾”，巧妙地使用对方拒绝的理由，使之松口答应你的请求，虽然对方或许会在表面上显露不愿接受的表情，但他内心已乐意接受这个请求了。

妙语生花，说动他人的心

沟通是求人办事的第一道“关口”，这时就少不了心理学的运用。生活里，有些事情在自己能力范围内，有些在能力范围之外，需要依靠来自外界的力量才能办到，这时候，就需要请求别人的帮助。学会求人办事，这一点非常重要。要让对方答应尽力帮忙，就要做好语言功夫，学会说话。好的话语能轻易将对方打动。当你说出的话自带影响力，对方会情不自禁地将你托付的事当作他自己的事，心甘情愿地为你去办。甚至在没有办好时，他会觉得对不起朋友，感到不好意思。若是能说出这种程度的话，你请别人办的事就成功一半了。

前几年，一座偏远小学的校长因校舍陈旧，却无钱修缮而多次向上级请示，可是因为县里财政也困难，校舍问题一直没有得到解决。迫不得已，校长决定向本县的制衣厂厂长求援。校长之所以准备找这位厂长，是因为他对教育特别重视，曾捐助5万元在县里发起并成立了“奖教基金会”。可惜这几年因为受到电商的冲击，制衣厂的效益每况愈下。校长深感希望渺茫，但是想到全校师生，他还是硬着头皮来到了制衣厂。一见面，校长就说：“张厂长，久闻大名呀！这段时间来县里开会，听到好多教育界同人对您交口称赞，打从心里对您钦佩得不行。这些年，像您这样才德兼具的商人真是越来越少了！所以趁今天散会早，我特意前来拜访您。”厂长一听，脸上马上露出了笑容，谦虚地说：“过奖了！过奖了！”校长又进一步夸奖说：“张厂长确实具有远见卓识！您牵头主办的奖教基金会，在这几年里越来越受到重视。如今，您支持教育事业的事迹已经不止在我们本县传颂，就连外县、外省等很多地方都知道您是这一活动的牵头人了。您真是名扬四海啊！”校长的一番话，说得张厂长满心欢喜、容光焕发。

这时，校长话锋一转，开始用沉痛的语气说起自己的“无能”与悔恨：“唉，我在教育界 20 多年，如今想为学校多做些贡献，却无能为力。我作为校长，明知校舍已经非常危险，而且早已对师生们的生命安全构成了威胁，却丝毫没有办法。要是县里能支援一下我们学校就好了，拨两万元修缮学校，我心头的大石也就放下了。可惜呀，我虽然四处奔波，却仍不见分文。”一听这话，热心教育事业的张厂长急忙说：“无论什么时候，师生们的生命安全都是最重要的！不管怎么样，不能让他们有危险呀！”稍作停顿，张厂长拍拍胸脯，又慷慨地说：“校长，师生们的安全要紧，你别再为了这件事而求三拜四了，这两万我捐给你。”校长紧紧握住张厂长的手，由衷地表示感谢。

校长将求人办事该怎样讲话运用得圆熟自如，他在拜访张厂长时以张厂长重视教育为切入点，说起张厂长对教育的贡献和功劳，让张厂长听了之后颇感自豪。然后，校长才顺势将自己的困难提出来。此时，张厂长早已因为校长的话而自觉站到了支持教育的名人的角度，顿时有了慷慨解囊的豪气，他甚至忘记了自己的困难，就直接答应帮助这个学校。

试想，要是校长从一见面就道明来意，说是来寻求张厂长的帮助的，张厂长是否还会这样痛快地答应相助？张厂长可能也会摆出一大堆困难，不愿意在自己经济紧张的时候拔刀相助了。想要说动他人来帮助自己，语言功夫是重中之重，它就像酿酒所需的酒曲，是美酒酿造成功的引子和关键。那么，具体在求人办事时，有哪些方法可以运用呢？

1. 在求人之前，先了解对方的心理状态

“知己知彼，方能百战不殆。”想要求人办事，就得首先对对方的心理做出准确的分析和了解。据心理学家研究表明，被请求者在面对请求者的希望和要求时，会产生以下四种心理需要。

①安全性。受托者希望请求者是品行正直、光明磊落的人，不会做出栽赃陷害的事。

②依赖感。受托者会希望请求者能够充分理解自己、信赖自己，十分放心地让自己去处理所委托的事情，就算是一些极为重要的事也不例外。同时能对自己所提出的合理化建议予以

听取、接纳，并能够对自己说一些“知心话”。

③事业性。受托者会希望请求者拥有与自己一致的志趣、思想，最好能为自己的事业道路提供一些有利条件。

④温暖。受托者会希望请求者能体谅自己在生活和工作中遇到的各种困难，关心自己的疾苦，尊重自己起码的工作条件和生活条件。

高情商的请求者，除了对受托者的以上四种共同心理追求了然于胸，还应对他们处在不同层次上的特殊心理追求如数家珍。这类请求者，总会针对这些不同类型的对象以及他们对自己抱有的各种心理追求有着清楚的了解，对于不同的人的不同心理追求，采取不同的攻心谋略，便能得偿所愿、顺利办事。

2. 从对方得意的事情说起

在交流的时候，若有人说到了我们的得意事，我们听后会非常高兴，同时也会对说话人更亲切，求人办事时也是如此。若你再利用机会表达你的请求，对方就容易接受。从对方得意的地方说起，就像把一件棉袄给了一个在大街上冻得瑟瑟发抖的人，对方会立即将棉袄穿在身上一样。这样一来，你所求之事能更容易得到受托者的同意。

那从哪里得知对方得意的事情呢？你可以看看你的朋友之中，

有没有与对方有交往的人，如果有的话，向他探听当然是最容易的。当然，你也可以多留意相关的网页新闻或者期刊上的信息，平时就做好备注，需要用到的时候就会非常方便快捷。

值得注意的是，对方先前得意的事情，现在是否还对之感兴趣？要是出现了这种情况，你就一定要心中有数，避免提起这件事，以免引起对方的不悦。因为人在不高兴的时候，就算只是很寻常的请求，也很难以平常心对待，因此就会有极大可能被拒绝；而人在高兴的时候，对于他人的请求往往很乐意接受。

3. 给对方一些“双赢”的承诺

古语常言：“投之以桃，报之以李。”这句话也体现了求人办事的原则：你帮我办事，我也帮你办事。生活在现代社会的我们，一定要知道这样一个现象，即要做某件事时，大家更希望事半功倍、行之有效，否则就很难会付出努力。在求对方办事时，对方希望你也能帮他做些事情，或者承诺回报他。若明白了对方的这种心理，当你主动提出互相帮助的建议时，对方会很痛快地帮助你。另外，在求人办事时，要让对方觉得你们有相同的利益，对方便会更主动地去办事，你要办的事也就会有更好的效果。

“劝导”不行，就学学怎么“诱导”

同直来直去的外国人相比，中国人做事历来讲究面子，在求人办事时也不例外，总是之后再将谈话的重点说出，才觉得水到渠成。

在中国，但凡谈话，一般都会在说正题之前先做两段铺垫。

第一段是寒暄、谈气候。诸如“尊姓大名”“久仰”“今日天气如何”等。林语堂将这类谈话内容称为气象学内容，因为这些内容在人们的生命空间中的确有很大的共同性，说这些内容，谈话双方都比较轻松随意。

第二段是叙往事、追旧谊。林语堂将这类谈话内容戏称为“史学”。这同第一段相比，自然就更深一层了，要从大众皆有的生命空间过渡到彼此较为特殊的那一段。这段内容，其切入点可以是同学、同事、老乡、校友、儿时的伙伴。这是非常重要的一段，决定着双方感情的融洽程度和是否能拉近心理距离。

这段话说得越煽情越好，因为在引起情感共鸣后你的请求会更容易被接受。最好是能在两人说得“两眼泪汪汪”的时候，你再说出“有点儿小事想请你帮忙”。这时，就显得自然随意，没有突兀之感，所以请求也容易被接受。

作为最常规的求人方法之一，这个方法在寻求亲朋故旧的帮助时颇有效果。但有时候，有些话不太好说出口，或是摸不准对方的反应，或是没有太充足的理由，直说怕遭到拒绝，这个时候，可以婉转表达。

有时想要达到自己的目的，但是对方却对这种突然之间的改变难以接受，任你好话说尽也未必有效果。这时不妨设个“小圈套”，“诱导”对方一步一步往里走，一点点地接受你的请求。

多年前，作为美国《纽约日报》的总编辑，雷特很想让自己更出名，于是他想找一位精明干练的助理。在一番挑选、对比后，他把目光瞄准了年轻的约翰·海，他很清楚，约翰就是能帮助自己成名的人。而当时，约翰刚从西班牙首都马德里卸去外交官一职，正准备回家乡伊利诺伊州从事律师职业。雷特明白，假如直接给约翰·海发出邀请，恐怕约翰·海一下子难以接受。

后来，雷特以朋友的身份邀请约翰·海到联盟俱乐部吃饭。席间，雷特顺势向约翰·海发出到他的报社去看看的邀请，约翰·海自然不会拒绝。刚到报社，雷特恰好收到一条重要的国外新闻，他便趁机对约翰说：“我刚刚收到一条重要消息，我的编辑这会儿不在，能不能请你帮我为明天的报纸写一篇社论？你做了那么久的外交官，看事会比我的编辑更全面、更有洞察力。”这对约翰来说简直轻而易举，因此他欣然接受。社论写得非常精彩，约翰自我感觉特别好，雷特看后也十分赞赏，于是雷特趁机请约翰帮一个星期的忙，后来期限又延长到一个月，最后干脆让他就担任起这一职务。约翰就这样在不知不觉中放弃了回家乡做律师的计划，而留在雷特的报社做助理了。

“诱导”别人的开始，必须是以对方感兴趣的点切入，并在开始的时候先让他得到一点儿小胜利，当对方已经被你调动起兴趣来，而他渴望成功的意识也被你激起的时候，对方便会自然而然地接受你的请求，这时，你的“诱导”也就成功了。

动之以情，让对方想“拒”也不忍

人人都难免有有求于人的时候，遭到拒绝也是常有的事。但是，掌握说话技巧的人，往往能够调动听者的同情心，让其在感情上产生共鸣，从而不忍心拒绝你的请求。当然，调动同情心不是指泪流满面或是摆出一副可怜兮兮的样子，而是采取“攻心为上”的策略，找到对方同情心的“突破口”。

20 世纪 70 年代末，天津市遭遇了半个世纪以来最严重的水荒，主要原因是经济的迅速发展、人口剧增，用水量也急剧增加，而海河流到天津的水量却又减少了，使得天津面临水源断绝的危险。1982 年，引滦入津工程轰轰烈烈地开始了，上头的命令是，1983 年内必须将滦河水引入天津。某部队接到的任务是隧道施工，这也是整个工程中最艰巨的任务。施工进行到一半时，却出现了炸药供应不上的情况，工程很可能要停下来等炸药，那样不可避免地会延误工期。部队的领导心急如焚，于是让一位连长到千里之外的东北某化工厂求援。

连长日夜兼程赶到该厂，但是该厂的回应却是：“现在没货!”原来，当时很多工程都在进行，工厂确实是没有存货了。连长去找厂长，厂长还是那句“没货”，给他倒了一杯茶，请他另想办法。连长并不死心，他喝了口茶，说：“这水真甜啊！但是天津人喝的却是苦涩的咸水，那水里满是氯化物，不用放茶就是黄色的啊。”厂长并不了解这些情况，听了连长的话，明显若有所思。

连长注意到厂长戴的是天津产的手表，接着说：“您也戴着天津产的表啊，质量不错吧？据说现在全国每 10 块表中就有 1 块是天津产的，每 4 个人里就有 1 个人用的是天津的碱。您是办工业的行家，知道水对于工业生产来说意味着什么吧！造 1

吨碱要160吨水，造1吨纸要200吨水……没有水，天津早晚变成一座死城啊！"

厂长说："连长，你是天津人吧？"

"不，我是河南人，但是为了让天津人喝上干净的水，让全国人民继续用物美价廉的天津产品，我已经好些天只睡三四个小时了。"

厂长感动地和他握了握手，拿起电话下达命令："全厂加班三天！"三天后，连长带着一卡车炸药赶回了工地。在战士们的奋勇拼搏下，原本需要15年才能打通的隧洞，只用了1年零4个月，创造出每天掘进6.8米的奇迹。而来参加义务劳动的天津市民就达到了20万人，终于使工程在1983年9月5日顺利完工，天津人结束了喝咸水的历史。

人人都有感情，要让对方同意自己的要求，必须先打动他的心。

有一个17岁的美国姑娘，与母亲相依为命。当时正赶上美国经济大萧条，姑娘早早辍学，四处寻找工作养家。当时到处都是失业的人，她一无学历，二无技能，在当时整个社会的萧条背景下要找一份工作谈何容易！幸好，她的母亲是个有见识的女人，在她面试前为她赶制了一件整洁、合体的衣服，使她在一众衣衫不整乃至衣衫褴褛的竞争者中脱颖而出，被一家珠宝行录取了。

姑娘很珍惜这份工作，干得非常卖力，第二周就被调到专营珠宝和高档饰物的二楼。距离圣诞节只有一周了，工作日益忙碌。只要她在这一周里不出差错，就会成为店里的正式员工，姑娘不由得绷紧了神经。

这一天，店里来了一位约莫 30 岁的顾客，高高的个子，皮肤惨白，一脸的愤怒和悲伤。身上剪裁得体的法兰绒服装已经变得褴褛，似乎在诉说着他过去的辉煌。他用绝望的眼神看着那些宝石。

姑娘没有过多关注他，因为这样的贫民实在太多了。这时，她接到要货电话便去取珠宝，但一不小心碰翻了一个碟子，6 枚精美绝伦的钻石戒指滚落在地上。姑娘用近乎疯狂的速度捡回了 5 枚，但第 6 枚无论如何都找不到，她觉得自己就要窒息了。

这时，她看到那名男子正向门口走去。碟子打翻的一瞬间他就在场！顿时，她知道戒指在哪儿了。就当那名男子的手即将触及门柄时，姑娘高喊道："对不起，先生！"

男子转过身来，他们无言地对视了足有 1 分钟。

"什么事？"男子问，姑娘注意到他脸上的肌肉正在抽搐。

姑娘确信自己的命运就掌握在男子的手中。她感觉得出这个可怜人进店来并不是想偷什么，而是想感受一下片刻的美好。她甚至能想象到这名男子如何四处寻找工作但一无所获，只能看着一家老小饿肚子，但是有钱人竟然还能买奢侈品！他就是以这样的心态看待这个社会的吧！想到这里，姑娘知道怎么回答了。

“什么事？”男子又问了一次。

“先生，这是我第一次工作，现在找个事做很难，不是吗？”姑娘说。

男子长久地审视着她，渐渐地，一丝非常柔和的微笑浮现在他的脸上。

“是啊，真的太难找了。”他回答，“但是我能肯定，你在这里会干得不错。我可以为你祝福吗？”

他伸出手握住姑娘的手，姑娘说，“也祝您好运。”

男子很快地走出大门，姑娘则将手中的第 6 枚戒指放回了原处。

第三篇

你会做人吗？

——方圆有术，左右逢源

第七章　恪守你的品格，打造你的标签

心怀感恩，必将换来真心相报

在一个家庭中，丈夫对妻子或孩子对双亲的付出往往习以为常、熟视无睹，很少会说出自己心中的感谢。

在工作中，得到上司、同事的帮助和付出，并且获得了很大的成功，往往也没有去感谢他们……

造成这种现象的一个关键性原因是，很多人的脑子被某种错误的意识占据了。他们把别人的辛苦、帮助和付出视为理所当然，认为没有必要表示感谢或肯定。

感恩的心态有助于人际关系的建立，加强沟通、增进感情的积累，而不知道感恩的人往往难以赢得别人的尊重、好感和支持。如果认为他人的帮助是理所当然的，不用感恩，那么在无意间就会带来副作用。

比如，有这样一件小事。有个妇女抱着孩子坐公交车，当时没有人让座。这时，司机说："请往后走，后边有人想给你让座。"

有个青年听了这话，马上站起来让了座，没想到那个妇女径直走过去一屁股坐下，对这个青年看都没看一眼。这个青年的脸上立马就挂不住了，心想，好心让个座，连一句感谢都没有，心里很是不快。这时有人逗小孩儿说："小朋友，刚才叔叔给你让座，快谢谢叔叔。"小孩儿马上说："谢谢叔叔！"那个妇女也明白过来，忙不迭地说："谢谢！"

青年人听到"谢谢"，心里很高兴，还不时逗小孩儿开心。

感恩既是一种良好的心态，又是一种奉献精神。如果你对别人的帮助表示一下谢意，那么彼此的关系就会因此而发生变化，彼此之间的距离也缩短了，感情就有了呼应和共鸣。对方在兴奋欢悦之余会给予你更多的关照、更好的回报，这样，交际气氛就会更加友好和谐。

小李是一家电脑公司的编程员，一次在工作中遇到一个难题，他的同事主动过来帮助他，同事一句提醒的话使他茅塞顿开，很快就完成了工作。小李对同事表示了感谢，并请这位同事喝酒，他说："我非常感谢你在编那个计算机程序上给我的帮助……"

从此，他们的关系变得更近了，小李也因此在工作上获得了很大的成绩。

小李很有感触地说：“是一种感恩的心态改变了我的人生。我对周围点滴的关怀和帮助都怀着强烈的感恩之情，我要竭力回报他们。结果，我不仅工作得更加愉快，所获得的帮助也更多，工作更出色，我很快获得了加薪升职的机会。”

心理学家认为，人与人之间存在“互酬互动效应”，即你如何对别人，别人也会以同样的方式给予回报。道声“谢谢”，看似平常，可它却能引起人际关系的良性互动，成为交际成功的促进剂。

向别人表示你的感谢是积极的举动。从你那里得到过感谢的人，会希望将来再次受到你的谢意和肯定，因为他看到自己对你的帮助能够被你了解和赞赏。你的衷心感谢也会换来真心相报，日后，对方还会乐意帮助你的。

感恩是认定别人帮助的价值，从而达到彼此感情交流的一种有效手段。当别人为你做了某件事情后，你应该表示感谢；当别人给予你关心、安慰、祝贺、指导以及馈赠时，你应该表示感谢；当别人为你做事而未成功时，那份情意也值得你感谢。

犯错误不可怕，关键是要敢作敢当

小芳是个非常漂亮可爱的姑娘，刚进入公司时，大家都对她非常有好感，经常主动帮助她。可是不久后，大家就发现了小芳不足的一面。有一次，公司的一个女同事花了 3 个多小时录入了一份资料，可就在她去楼下买午餐的一会儿工夫里，那份没有存档的资料就在电脑里找不到了。资料当然不会无缘无故消失，唯一的可能就是有人动了她的电脑，会是谁呢？这个女同事十分礼貌地问了几次，但一直没人承认。后来打扫卫生的阿姨告诉大家，她无意间看见小芳曾按了一下回车键，这件事使大家对小芳的好印象消退了很多。一个敢做不敢当的人实在让人不敢恭维。

这件事没过多久，小芳再一次让大家看清了她的秉性。小芳所在的A小组被分配了一个新任务，为一个大型百货公司的促销活动提供服务，也就是说从市场调研到策划都要做好。十天后，A小组的任务完成了，但后来却被告知橱窗设计出现了问题，百货公司受到了损失，A小组的每个成员立刻变得惶恐不安，都做好了接受处罚的心理准备。在这时大家本应该团结一心、患难与共，没想到检讨会一开始，小芳就抢先发言说这件事和她没关系，她当时对橱窗设计没有提过什么意见，不应承担责任。实际上大家心里都清楚，小芳从头至尾都参与了橱窗设计。公司领导到最后并未太过严厉地批评大家，只希望大家能够吸取教训。但几个主要领导都对小芳推脱责任的做法颇有微词，同事们更是如此，之后大家慢慢疏远了小芳，几个同事还时而对她嘲讽一番。结果，不久后小芳就主动辞职了。

小芳推卸责任、敢做不敢当的行为，使她不仅没有了人缘，还失去了一份宝贵的工作。一般来说，人犯错后会有两种反应：一种是死不认错，且极力为自己辩护；另一种是坦白认错。

这两种反应都有利也有弊，具体分析如下：

前一种反应的好处是可以暂时逃避责任，或者把责任推给其他人。如果逃脱成功，也可避免别人怀疑你的能力。

不过，如果你犯的错误十分严重，那么此错必然会被众人发现，你的狡辩只是徒增别人对你的厌恶罢了。如果所犯之错证据确凿，你虽然具有一流的辩解功夫，但还是逃不掉责任，那又何苦去辩解呢？如果所犯之错微不足道，却强行辩解以换来别人对你的不信任和鄙夷，这种做法实在愚蠢之极。

我们姑且不论犯错所需承担的责任，不认错和辩解本身就有损于自己的形象，不管你多么能言善辩，借口多么天衣无缝，如果你不肯认错，他人就会给你贴上“敢做不敢当”的标签。于是，主管不敢信任你，别的部门的主管也“怕”你三分，同事们更因怕你哪天犯错后把他们“拖下水”而疏远你，不再和你有任何接触。可见，不敢承担责任是多么恶劣的一种行为，这会使你丧失面对错误、解决问题的机会。

因此，不肯认错的弊大于利。

那么第二种情形呢？也许有人要说，如果诚实认错，那不是要立即付出代价，独吞苦果吗？有的上司确实会这样处理，甚至会当场责备或处罚犯错者，杀一儆百。不过，更多的上司都会对主动坦白的犯错者从宽处理。从心理上讲，如果你认错了，上司会感觉受到尊重，会减轻你的一部分责任，因为你犯错，他也有“督导不周”的责任。所以，在现实中，认错的后果并没有想象的那么严重。

换一种角度思考，诚实认错还会间接给你带来一些好处，例如：

①为自己塑造一种“勇于承担责任”的公众形象——无论上司还是同事，他们都会对你的这种做法表示欣赏，因为你勇于承担责任，不推给他们，他们感到放心，对你油然起敬，也十分乐意与你共事，更乐于传播你美好的一面，这是一笔珍贵的无价资产。

②通过这次经历磨炼自己面对错误的心态和解决问题的能力——你不可能一辈子都不犯错，趁早锻炼出这方面的能力，对你的前途很有帮助。

③如果真的因为认错而招来主管的责骂，那正好可以为你塑造一个弱者的形象——弱者往往更容易触动他人的恻隐之心，从而让他人对你伸出援助之手，你会因此得到更多人的认可。人同此心，心同此理。

综上所述，如果你犯了错，就要敢作敢当！当然，仅仅认错还不够，关键在于认错之后你应该这样做：

①赶快想办法补救，以免事态扩大。

②等这件事结束之后，要反思总结，吸取教训并加以完善改进，以免再犯同样的错误。

③如果你的错误影响到别的同事，那么要向他们表示歉意，如果他们也帮忙善后，感谢当然是不能免的了！

为人光明磊落、敢作敢当，自然会受到大家的尊敬和信赖，拥有好人缘。虽然坦白认错要冒着被惩罚或不被谅解的风险，但推卸责任却要冒着被人鄙视或失去信誉的风险。显然前一种风险更易承担，而且认错后还有补救的机会，但敢做不敢当的行为却会使你彻底失去重新来过的机会。

别太恃才傲物，谦虚对你没坏处

恃才傲物的人，凭借自己积累的知识及才气就蔑视世间的一切。他们总认为自己比别人聪明，因此常常固执己见，听不进别人的劝告，一意孤行，往往又容易发怒、脾气暴躁。虽然他们发泄了自己心中的怨恨和愤怒，但是，发泄往往会使人失去理智思考的机会，从而失去解决矛盾和冲突的时机。一时冲动的愤怒、发脾气，造成的损失往往是难以弥补的。

恃才傲物的人拒绝广开言路，既听不进别人的意见，也不能正视别人的批评。他们一味地按自己的想法去做，从不理会别人，久而久之，就会被孤立起来。这样，就失去了和别人交流的机会，也没有办法从别人那里学到更好的方法，更得不到别人的帮助，这样无疑就将自己置于一个荒无人烟的境地——荒凉失落，孤独无助，严重阻碍自己的发展前途！

小罗是一个精明能干的公司职员，他很早就参加了工作，博览群书，学识渊博，在大家眼中是个公认的人才。可是，他常常恃才傲物，动辄与人发生纠纷，平时又极爱炫耀自己，同事们对他极为反感，认为他自以为是、过于固执。

有一次，他奉调前往某科，刚到那里时还比较服从管理，工作也认认真真，业绩也很不错，很快就登上了主任的宝座。之后，他有点儿目空一切了，经常嘲讽自己的领导，认为自己的领导没有什么能力，思想僵化，不懂得创新。

还有一次，他认为一项具体的工作流程应该改进，就向领导表达了一下自己的看法，但没有受到重视，领导反而认为他多管闲事。他一气之下就私自违反工作流程，按照自己的想法工作。领导发现之后批评了他，可他对领导的批评置若罔闻，不但不改，反而认为领导有私心，并与领导闹僵了。他认为像自己这样才华横溢的人得不到重用真是冤枉，所以出言伤人，丝毫不肯退让。结果可想而知，领导向上级告状，说他恃才傲物，不服管制。不久，他就被单位解雇了。

恃才傲物的人总喜欢把自己的意志强加到别人头上，以自己的态度作为别人态度的“向导”，认为别人都应该佩服并听从他的看法或意见，稍有违背，则认为自己聪明而别人愚笨。他们不愿改变自己的态度，即使明知自己错了也是如此。他们自尊心极其强烈，在别人看来是件很小的事情，在他们看来却是极碍面子、对自尊心伤害极大的事情。他们不愿自尊心受到伤害，便不择手段地自我保护，哪怕对自己并无实在的好处。

恃才傲物的人只关心个人的需要，在人际交往中也表现得很自负。高兴时海阔天空，不高兴时则不分场合乱发脾气，全然不考虑别人的情绪。他们凡事只以自己为中心，总认为自己是最杰出的人物，瞧不起“我”之外的所有人。他们往往固执地坚信自己的经验和意见，从不轻易改变态度。

在我们的工作和生活中，这样的人还不少。他们之所以如此，就是因为缺乏宽广的心胸和谦虚的态度。谦虚的人总能够从各种角度观察事情，所以不会受某种思想的拘束，反而能撷取各种思想的优点，融会应用在行动中，提升自己的品质。谦虚是避免自大、避免自负的法宝，只有丢掉恃才傲物的坏毛病，虚怀若谷，才能在工作中不断进步。

在职场上，要肯从简单的事情做起。唯有保持低调认真，才能为自己赢得更大的空间和更多的机会。如果自己不屑于做简单的事情，而一心只想着做大事，就会陷入盲目自大的陷阱中，这对你的职场生涯非常不利；相反，如果你能做到认认真真工作，干一行爱一行，不仅把自己手头简单的事做好，更做到完美，那么时间久了，你的老板自然会注意到你的才智，你的努力将为你赢得更可贵的机会。

在希尔顿大酒店流传着这样一个故事：

两个年轻的大学毕业生杰克和汤姆应聘到希尔顿酒店，起初他们对进入知名大企业感到非常兴奋，可很快两人就发现酒店并不是很重视他们，因为他们被安排去打扫卫生了。上班第一天，杰克和汤姆都还很踊跃，积极工作，尽量表现自己，然而这样一过就是两个月，杰克和汤姆还在打扫卫生，这时两个人的心态就有了差别。杰克不断地埋怨酒店经理，认为他不懂得识别人才，自己明明是一名大学生，却天天在这里打扫卫生，真是大材小用。由于他心存不满，就开始变得懒散，总是迟到早退，不肯卖力干活儿。汤姆却一如既往地认真工作，很少发牢骚，他把这些当成是对自己的锻炼和考验。早上，他吹着口哨，很早就来到了酒店，准备开始一天的工作，晚上下班时，他走得比谁都晚，因为他想：作为一名员工，就应该多做一些，把工作做到位再休息，而不应拖时间。

三个月过去了，他们仍然干着清洁工的工作。杰克忍不住了，一气之下辞了职。不过汤姆没有跟着他一起走，还是安安心心地做着自己的工作。又过了一个月，汤姆被叫到经理的办公室，经理任命他做客房部主管。原来，从一开始进入酒店，经理就有意培养他们做客房部主管，可是这份工作需要极大的耐心，而且这种品质无法从外表看出来，所以经理才想出这样的办法来考验他俩。果然，不够踏实、虚心的杰克，在无形的竞争中被淘汰出局了。

在工作中，我们不但要认真仔细，而且应该谦虚谨慎，懂得向老员工学习，这样才会达到事半功倍的效果。在现代职场，没有多少人会看重你的知识，人们看中的是你用这些知识解决实际问题的能力。学历并不代表实力，知识也不代表能力。作为职场新人，虽然我们在知识和观念上有一定的优势，但与老员工相比，无论在技能和经验上，还是在综合判断能力上，我们都还是新手。

因此，尽管你可以为自己学历高、有天赋而自豪，但你没有理由不保持谦虚的态度，更没有理由表现出一种高高在上的优越感。只有谦虚，前辈们才会真诚地接纳你，在工作上给你帮助和支持。只有得到大家的容纳和认可，你才能尽快融入公司，成为公司的一员。也只有谦虚好学，才能尽快将自己从学生状态调整到职业人状态，尽快成为公司的得力干将。

第八章　培植你的爱心，塑造你的人缘

设身处地地为他人着想

美国直销皇后玫琳凯曾在谈论人事管理和人际交往时讲述过她自己的一次亲身经历。

一次，她听了一位很有名望的销售经理主讲的一堂销售课程。玫琳凯觉得他讲得十分生动幽默又鼓舞人心，非常渴望和那位经理友好地握握手。她排了一个多小时的队，好不容易轮到她与经理面对面了，然而这位经理自始至终都没有把目光投向她，只是从她的头顶望过去，看看队伍究竟还有多长，他甚至没有察觉自己正在和别人握手。一个多小时的等候等来的竟然是对方的忽视和冷漠，玫琳凯的自尊心因此受到了巨大的伤害。

后来，玫琳凯成立了自己的化妆品公司，她有很多次机会公开演讲，也开始经常站在长长的队伍前，和上百位人士不断地握手。

玫琳凯说："我一旦感到疲倦时，脑海中就会浮现出那次自尊心受到伤害的情形，然后我会马上打起精神，面带微笑直视握手者的眼睛。我还会说些比较亲切的话，哪怕是'你的裙子很漂亮'或者'我很喜欢你的笑容'，总之，我会尽量让对方感受到我的热情和真诚。我一直在极力避免让其他的事情来打扰我。只要是和我握手的人，我都会把他当作那一刻最重要的人。"

人与人交往时，不能只在乎自己而忽视他人的立场和感受，否则你做的一切都是"一厢情愿"。

设身处地就是一种换位思考、一种虚拟交换，换句话说，"如果我是他，处在他的位置，我会如何看待这件事情？我又会怎样处理这个问题？"从字面上来看，"设身"就是假设自己是当事人本身，"处地"就是处在当事人所在的境地。

通常情况下，亲子之间的隔阂、夫妻情侣之间的分歧、上下级之间的矛盾都是因为没有设身处地为别人着想而造成的。因为不了解对方的立场、感受及想法，我们无法予以正确的理解和回应。可是极少有人有这样的"好奇心"，绝大多数人还是习惯站在自己的立场上猜想别人，认为别人应该怎样，或者站在一般人的立场上去界定别人应该有的想法和处理方式。

设身处地地为他人着想会为我们带来诸多益处：

1. 用理解化解矛盾

如果我们只站在自己的位置上思考问题，那么所有不顺心的事情都会引发矛盾。为什么领导这么苛刻？为什么老师这么严厉？为什么他总是忽视我的一片好心？倘若你转换一下角度，不再以自己为中心，而是把对方当作主角，你会意识到原来对方是有苦难言的、不得已而为之的，一切矛盾都将迎刃而解。

2. 用博大的胸怀消散怒气

或许你曾为了某件事而腹中积满怨气，甚至火冒三丈。但是，如果能站在别人的角度上思考，你将更加善解人意，更加宽容和善，一腔怒气便随之消散了，同时你的人格也得到了升华。

3. 用信赖消除盲目

设身处地为别人着想可以给他带来方便、利益和愉悦，那么他自然会把你当作自己人来看待，无形之中就会信赖你。而对你来说，以往的那些盲目，以及困扰、恼怒……都会因此而消除。

还有比帮助别人更让人开心的事吗

我们要时刻关心他人，帮助别人满足其需求。人类最大的需要之一就是为人所关心注意。这个事实早在我们婴儿时期就被发现了：我们的需求（如吃奶、除去潮湿的尿布等）都是在有人注意的情况下得到满足的。于是“有人注意”就形成了“将得到满足”的符号，小孩子一旦看到母亲或是听到母亲的声音便停止啼哭，这是因为他有了安全感。没有人不渴望别人的关心，当我们感受到身边人对自己十分关心时，便会产生安全感。

我们自己渴望得到别人的帮助，应当想到别人也有同样的需要。你对别人越关心，你在他生活中的比重就越高，他自然也会关心你。

法国有个孤独的老人，无儿无女，身体也不好，他决定搬进养老院，所以准备卖掉他漂亮的住宅。

这所住宅的名气很大，所以大家都争相购买。这所住宅的底价是 8 万法郎，后来居然被人们炒到了 10 万法郎，而且价格一直在攀升。老人为此感到无比痛苦，是的，如果不是身体抱恙，他是不会将这所陪他度过大半生的住宅卖掉的。

有个小伙子来到老人面前，弯下腰低声说：“先生，我也想买这栋住宅，可我只有1万法郎。”“可是它的底价是你所说的好几倍，”老人淡淡地说，“而且它的价格还在不断上涨。”小伙子并不灰心，他诚恳地说：“如果您把房子卖给我，我保证会让您继续生活在这里，还会陪您一起喝茶、看报、散步。相信我，我会尽心尽力照顾好您！”

年轻人刚说完，老人立马起身，叫人们安静下来。

“朋友们，从今天起，他是这房子的主人了。”没有人想到获得这场胜利的人竟然是他。

这个小伙子为什么凭1万法郎就胜出了？原因很简单，因为他表示，他将用心照顾一个孤寡老人。众所周知，孤寡老人最大的需求就是得到别人的照顾和关心。尽管有人愿以10万法郎的高价购买他的房子，但老人最终在金钱和关爱之间选择了后者。因此，我们也可以肯定地说：“那些懂得关心他人的人，总能获得他人相应的回报。只要拥有一颗慷慨助人的心，就能够扫除一切障碍，赢得最终的胜利。”

你不应该憎恨对手，因为他们让你变得强大

社会迅速发展，人们的生活节奏也越来越快，无形之中人与人之间充满了各种竞争。面对如此多的对手，我们应该以一

种怎样的态度看待他们呢？

感谢你的对手，因为有他的存在，你才会一直坚持不懈、踏实苦干。因为遇强则强，遇弱则弱。珍惜你的对手，因为有他的存在，才会让你不断进步、不断强大。

不管你生活在什么地方，竞争都会出现在你的面前，当竞争出现时，一定不要气馁，不要在竞争面前低下头，要抬起自己的头，勇敢面对。

五年前，小张开了一家小吃店，这家店就开在一条商业街上。由于这条街仅有他一家做特色小吃，所以为他的生意奠定了基础。他的生意一直很不错，他也很知足，这样安安稳稳，细水长流，收入也十分可观。

就在这一天，街头的发廊突然搬走了，然后有人将它租了下来，卖起了特色小吃，新装修的店面更卫生、更漂亮。更可怕的是，他的老板正是小张的邻居，由于他和小张的关系很好，因此他非常清楚小张的进货价格和渠道。

这让小张非常生气，这不是抢自己的饭碗吗？但又不能放弃。他所担心的危机来了，那边的顾客纷至沓来，而自己这边却门可罗雀。

这让小张的心态极不平衡，他甚至想找人去砸对方的店，可最终他还是控制住自己，因为那样的结果只能是两败俱伤。

渐渐地，小张开始转变自己的心态，冷静下来分析彼此的优势：对方的店地理条件好，环境也好，这是既定的事实；而自己的优势在于，有一批老顾客，并且积累了一定的经验。所以，发扬长处，弥补短处，给店铺重新打造一番，才能获得更大的优势。

首先，他把店内的布局进行了调整，更换了物品，令人耳目一新。他又引进了新的小吃品种，这为他吸引了不少眼球。最重要的是，他家的小吃物美价廉，帮他带来了不少新的忠实顾客。

接着，他把业务发展到了全城，他的生意很快有了好转，小张甚是高兴。

可是没过多长时间，对方也进行了改革。这让小张有了危机感，意识到他必须要寻找一个新的突破口。最后，小张决定利用自家有车的有利条件，给所有客户送货上门，并把业务发展到其他城市，业务能力一下子比邻居强了许多。

时间慢慢过去，餐饮行业发展越来越快，小张面临的竞争对手远远不止邻居一家了。但是面对越来越多的竞争对手，小张的心态已不同往日——他不再惧怕竞争对手，他相信，他们的存在对自己是一种促进。

小张曾感慨地说：“我之所以能发展到今天，要感谢我所有的竞争对手，尤其是我的邻居。正是有了他们的存在，我才能在竞争中对市场了解得更加透彻，我才越来越强，店铺也越来越兴旺。如果不是我的邻居，我的业务范围可能还只限于那条街，所以我要感谢我所有的竞争对手。”

这个事例告诉我们，对手在某种意义上是能够给你带来帮助的。对手就像催化剂，他能引发双方之间的竞争，挖掘你的潜能，并让你取得更大的成绩。

当今社会充满了竞争，不管是在生活中还是在工作中都离不开竞争。而你是否学会了转换视角看对手呢？

在职场的竞争中，要学会感谢你的对手，是他让你感受到压力和差距，也是他让你知道自己努力的方向。职场上的竞争可以将你我变得更加成熟，从竞争中获得胜利的人就能够笑傲职场，而这些也正是对手给予你的东西。

小张业务能力的提升与他的对手是分不开的，在和对手的竞争中，他改变了对对手的看法，改变了自己的经营方式，正是一个个的改变让他有了不断的进步。

小张深知是竞争对手成就了自己，所有竞争者都应当如此认为。不要惧怕竞争、怨恨竞争，是竞争让你在压力面前更好地改变自我，是竞争让你不断在更好中前进。

在前进的过程中，你会遇到更多更激烈的竞争，而你面临的对手也会越来越强大。要想在一群能力高强的人中取胜，你的能力就要更高，你就要加倍地付出劳动和努力。人生就是如此，要不断地在竞争中锻炼自己。而想要成为中流砥柱，成为大人物，就必须有竞争意识，并勇敢地直面竞争。而真正成为大人物的人，都会从内心感谢对手带给自己的进步。

你学会在竞争中摘掉有色眼镜，用慧眼看待对手了吗？正是因为小张做到了这一点，他才更清楚是对手让他知道了自己前进的方向。

对手在与他争抢市场的同时，也提醒了他需要去开辟新的市场。就这样，他不断开辟着，竞争着，成熟着，强大着。有了这样的变化，才让他不得不在心中感谢对手。

所以说，我们最不应该憎恨对手。因为，真正促使你不断进取的、让你坚持不懈的、激励你乘风破浪的并非你的朋友和亲人，而是那些常常可以置你于死地的竞争对手。一个追求卓越的人，总是会把比自己强大的人视作竞争对手，通过对手来激励自我，从而激发出自己的潜力和发展事业的动力。哪怕你最后没能打败你的对手，也不要沮丧。至少，因为对手的存在，你将变得越来越强大。

第九章　注意你的言行，完美你的社交

“套近乎”不能急，得慢慢来

常言道，“欲速则不达”，“套近乎”也是如此。

例如，一位先生参加一个社交聚会，交换了一大堆名片，握了无数次手，也搞不清楚谁是谁。几天后，他接到一个电话，原来是几天前见过面，也交换过名片的“朋友”，因为那位“朋友”名片设计特殊，让他印象深刻，所以记住了他。这位“朋友”也没什么特别目的，只是和他东聊西聊，好像二人已经很熟了的样子。这位先生不大高兴，因为他和那个人没有业务关系，而且也只见了一次面，他就这样打电话来聊天，让他有被侵犯的感觉，而且，也不知和对方聊什么好。

在现代社会中，这种情形常常出现，以这位先生的“朋友”来看，他有可能对某人印象颇佳，有心和他交朋友，所以主动出击，另外也有可能是为了业务利益而先行铺路。但不管基于什么样的动机，他采取的方式犯了人际交往中的忌讳——操之过急。

菲德尔费电器公司的约瑟夫·韦普就曾用循序渐进“套近乎”的办法，使一个拒其于千里之外的老太太十分乐意地与他达成了两笔大生意，顺利地完成了推销任务。

那天韦普走到一家看起来很富有也很整洁的农舍前去叫门。当时户主布朗肯·布拉德太太只将门打开了一条小缝。当她得知是电气公司的推销员之后，便猛然把门关上了。韦普再次敲门，敲了很久，大门尽管又勉勉强强开了一条小缝，但未及开口，老太太就已毫不客气地破口大骂。

经过一番调查，韦普又上门了，等门开了一条缝时，他赶紧声明：“布拉德太太，很对不起，打扰您了，我的访问并非为了电气公司，只是要向您买一点儿鸡蛋。”老太太的态度温和了许多，门也开得大多了。韦普接着说：“您家的鸡长得真好，看它们的羽毛长得多漂亮。这些鸡大概是名种吧！能不能卖一些鸡蛋给我呢？”老太太把门开得更大了，并反问：“你怎么知道是名种的鸡呢？”韦普知道，投其所好之计已初见成效了，于是更加诚恳而恭敬地说：“我家也养了一些鸡，可像您所养的这么好的鸡，我还从来没见过呢！而且，我家的鸡只会生白蛋。附近的人都说只有您家的鸡蛋最好。夫人，您知道，做蛋糕得用好鸡蛋。我太太今天要做蛋糕，我只能跑到您这里来……”老太太顿时眉开眼笑，高兴起来，由院里跑到门廊来了。

韦普利用这短暂的时间看了一下四周的环境，发现这里有整套的奶酪设备，断定男主人定是养奶牛的，于是继续说：“夫人，我敢打赌，您养鸡赚的钱一定比您先生养奶牛赚得多。”老太太心花怒放，乐得几乎要跳起来，因为她丈夫长期不肯承认这件事，而她则总想把“真相”告诉大家，可是没人感兴趣。

布拉德太太马上把韦普当作知己，不厌其烦地带他参观鸡舍。韦普知道，他投其所好之计已渐入佳境了。但他在参观时还是不失时机地发出由衷的赞美。

在赞美声中，老太太毫无保留地讲授了养鸡方面的经验，韦普先生极其虔诚地学习着。他们变得很亲近，几乎无话不谈。在赞美声中，老太太也向韦普请教了用电器的好处。韦普针对养鸡详细地予以说明，老太太也听得很认真。

两个星期后，韦普在公司收到了老太太的电器使用申请。不久，老太太所在地申请用电器者源源不断。老太太已成为韦普先生的热心帮手。

拓展人际关系有一些法则还是必须要注意的，因为这样才能达到预期的效果，而不致弄巧成拙。

1. 拉拢关系要注意循序渐进

俗话说："一回生，二回半生不熟，三回才全熟。"拉关系要采取循序渐进的方法，而且是长期地，在对方不知不觉的情况下进行。这是因为：

第一，人都有戒心，这是很自然的反应。若想一回生，二回就要"熟"，对方对你采取的绝对是关上大门的自卫姿态，甚至认为你居心不良，因而拒绝你的接近，名人、富人或有权势之人更是如此。

第二，每个人都有"自我"，你若一回生，二回就要熟，必定会采取积极主动的态度，以求尽快接近对方，也许对方会很快感受到你的热情，而且也给你热情的回应。可是大部分人都有受到压迫的感觉，因为他还没准备好和你"熟"，他只是痛苦地应付你罢了，很可能第三次就拒绝和你见面了。

同时，因为你急于接近对方，所以很容易在不了解对方的情形下，以自己作为话题，好持续两人交谈的热度，这无疑是暴露自己，若对方不是好人，你这不是自投罗网吗？

2. 要有足够的耐心

在一本名为《不问学历、经历、年龄》的书中，记述着两个推销员，为了争取销售床铺的业绩奖金而各展技艺的故事。推销员A是一个能言善辩、精神饱满、行动敏捷、看起来很有经验的年轻人；推销员B则是老成持重、慢条斯理、沉默寡言的人，但是他经常能出奇制胜，令A惊讶不已。

有一次，B竟然成功地说服某肥料公司的负责人，让他一次买了六张床，使同事皆刮目相看、称赞不已。B究竟使用了何种方法，令对方如此捧场呢？

原来肥料商是一位聋哑人，B耐心地与对方进行笔谈，虽然耗费了不少时间，收获却极为丰硕。

B发现对方生理上有缺陷之后，毅然放弃惯用的推销术语，改用笔和对方交换意见，并且耐心地逐步消除对方的成见和猜忌。这在推销术中简直是前所未有，但它充满着关怀，所以能成功。

一般人总喜欢用自己擅长的手法或自己信服的理论来游说他人，倘若遇到同样固执且成见颇深的对象，肯定难以奏效。为了避免强化对方的抗拒心理，绝不可盲目地采用此种方法来说服别人。而应该仿照推销员B的方式，先友善地和对方相处，根据对方的生活环境，以对方擅长的表达方式，创造一种融洽的气氛，鼓动对方倾吐内心的想法，然后再寻求适当的对策，将对方诱导至与自己相同的立场上来。

3. 时时刻刻让对方记得你的好处

如果曾经与你感情良好的人已经疏远了，而此时自己还有求于他，最好的办法就是勾起他的回忆，让对方记得你的好处，这样你的目的就容易达到了。

挑剔别人之前，最好先看看自己

金无足赤，人无完人。任何人都不应随意嘲笑和指责别人，而是应当时常“三省吾身”，经常反省自己的行为，严格要求自己，加强自己的修养，同时不要对别人太苛责，要以宽容大度的心态对待别人。不错，在现实生活中，总有一小部分人喜欢挑其他人的毛病，总觉得看不惯他们，觉得唯有自己是真理的化身、是非的标准。我们有时也难免会犯这种错误，认为自己都是对的，别人都是错的，习惯以挑剔的眼光看待别人。有时还会拿自己力所不能及的事要求别人去做，要是做得不好，就会横挑鼻子竖挑眼，指责对方没有用。

有句古话说得好：“严于律己，宽以待人。”做到这一点的人，他的人格是健全的，也更易受到人们的尊敬。孔子曾说，事事严格要求自己，而对别人的要求很宽松，就不会带来那么多怨恨。孟子也曾说过，对别人要求很多，而对自己却要求甚少，就像不锄自己田里的草，却跑去挑别人田里的草，这种人是最易遭到人们厌恶的。

胡适先生对近现代中国文化的发展有重大影响，他的为人也令人钦佩。有一段时间，他的家里不断有客人到来。对于穷苦的人，他乐于慷慨解囊；对于猖狂的人，他会当面加以教诲；对于求差使的人，他乐意修书介绍；对于求学的人，他肯指导门路；对于无聊、不自知的人，他也能随口谈几句俗话。到了夜阑人静的时候，胡适才静下心来处理自己的事务或写日记。当时的很多学者，在女子面前都是道貌岸然的样子，但胡适与众不同，他很有人情味，到别人家里，就一定与其太太礼貌地打声招呼，上课见女生穿得单薄，就亲自走下讲台去关教室的门窗。胡适对别人总是宽容而随和的，但他对自己却十分严格。当时的很多学者在留洋以后都抛弃了家里为自己包办的乡下太太，但胡适对母亲为他包办的发妻却做到了不离不弃、忠贞不渝。

胡适以身作则，任何事都会严格要求自己，从而成为很多人效仿的榜样。如果你能做到这样，然后再去要求他人，你的话、你的要求就会显得有分量。很多时候即便是我们自己力所能及的事情，也不能苛求别人也做到，因为人和人毕竟是有差别的，对你来说这件事很容易做到，但对他人却未必是这样。所以，我们要懂得体谅别人的难处，容忍别人的弱点，宽以待人，才能获得友好融洽的人际关系，不为人厌烦，反讨人喜欢。

希望别人能做到的事，自己就要一马当先。在日常生活中千万不要任意挑他人的毛病，每个人都会犯错，你能够保证自己什么错误都不犯吗？你不原谅别人犯的小错误，当你自己犯错的时候，你还能要求别人原谅你吗？人非圣贤，孰能无过，原谅别人就是原谅自己。

人生是个大舞台，需要人与人之间相互包容配合，如果各自为政，那么世界将会充满各种争斗，最终四分五裂；如果每个人都挑剔别人的缺点、差错，互相指责，那么我们的人生将永无宁日。人生本来就充满了这样或那样的艰辛，充满这样或那样的不幸，人世间没有完美的东西，与其在互相嘲笑和指责中度过一生的宝贵时光，不如用一颗包容的心去面对社会、面对别人。忍一时，退一步，你会发现生活是多么美好。

摆什么“臭架子”，搞不好就“臭名远播”

生活中，爱摆架子的人比比皆是，哪怕只是当了个芝麻大的官，也要把官腔打足、官架摆足。喜欢在人前摆架子的人，其实并不会被人高看，反而会让对方觉得愚蠢至极。有人说：“架子”越大，身份越低。如果你总是以一副不可一世的姿态对人，久而久之，亲朋好友也肯定会对你敬而远之。

喜欢摆架子的人往往是自以为是的人。他们对一项技能略懂些皮毛之后，就自以为博学，便去为别人“指点江山”。他们做成功了一件事，就误以为自己什么事都能做成。

殊不知，只会装腔作势的人很容易激发别人对他的怒意，可能对方表面上不动声色，心里却巴望着他一头栽下去，永世不得翻身。要知道，摆架子很容易疏远彼此的关系，搞不好还会使自己“臭名远播”。

如今不少人喜欢以“老板”自居，总是一副居高临下的姿态，不在乎员工的想法，不听员工的建议。平时喜欢对下属指手画脚，批评时更是声色俱厉，缺少谦和。不知这些老板是否清楚，他们摆架子、唯我独尊的样子，会使员工对其十分反感，不敢与他们接近。日积月累，不仅不利于各项工作的开展，员工的意见也会越来越大。

其实，一个老板当得成功与否，不在于摆的“架子”是否够大，而在于他有没有亲和力，员工对他是否认可，能不能让员工真正地信服和敬仰。那些有“官样儿”的老板，事实上成了凌驾于员工之上的“老爷”，让员工敬而远之。

一位为人亲和、深受人民爱戴的领导曾说过这样一句话：“为官不要自觉高人三等，而应自觉低人三等。”同样，做老板的也要将姿态放低，只有这样才能赢得员工的心。

一个人要时刻注意自己的言行举止，无论与谁相处，都不能随意摆臭架子。

1964 年，68 岁高龄的土光敏夫就任东芝董事长，他经常不带秘书，独自一人巡视工厂，遍访东芝散设在日本各地的 30 多家企业。高居董事长之位，能亲临工厂已经非同小可，更妙的是他手里还会提着一瓶一升的日本清酒去慰劳员工，与他们举杯畅饮。这让全体员工大为震惊，有点儿不知所措，又有点儿受宠若惊。谁都不会想到，这个高高在上的大人物居然会亲自提着清酒来慰劳他们。因此，工人们赞赏地称他为“提着酒瓶子的大老板”。

土光敏夫的平易近人使他和职工相互之间有了非常深厚的

感情。即便是休息的日子，他也会到工厂转转，与保卫人员和值班人员亲切交谈。他曾经说过：“我很爱和我的职工交往，无论他身居何种职位，我都很乐意和他聊天，因为我可以从中听到许多真实的声音和具有建设性的意见，这让我受益匪浅。”没错，通过与基层工作人员的直接交往，他不仅获得了宝贵的第一手资料，而且弄清了企业亏损的种种原因，还获得了许多有价值的建议，尤其重要的是，他赢得了员工的爱戴和信任。

事实证明，具有亲和力的人更讨人喜欢。他们不摆“臭架子”，常常“忘记”自己的身份，和其他人友好相处。他们将自身的亲和力逐渐转化为影响力，积极地影响着其他人。

有地位当然是好事，它能够体现出一个人的工作能力和资历，也能够证明一个人事业的成功，但这一切不可当作一个人趾高气扬、不可一世，或者在亲朋好友面前炫耀的资本。

第二次世界大战胜利前夕，在一次进攻的间隙，美军将领艾森豪威尔在莱茵河畔散步，这时他对面走来了一个士兵。当这个士兵见到将军时，一时不知如何是好。艾森豪威尔笑容可掬地问他：“你的感觉怎么样，孩子？”士兵直言相告：“将军，我很紧张。”“是吗？”艾森豪威尔说，“那我们真是有缘，我也是如此。”几句话便使那个士兵的精神放松下来，很自然地同将军聊起天来。

要想与别人融洽地相处，就要获得他的尊重和喜爱，这就需要你亲和友好地对待他。这样一来，他会感到自己被尊重，自然就会放松对你的警惕，与你平等交流。与同学、同事的交往更应如此，因为你们在同样的环境下成长、生活、工作着，有诸多相似之处。假如你总是摆出一副狂妄、傲慢的样子，不仅不会让你在他们面前显得更高大、更有成就，还会让你们之间的交谈变得不顺利，使你们之间的关系持续恶化，更不用说赢得他们的尊重和好感了。

有一天，华盛顿独自一个人走出营房，他所遇到的士兵没有一个认出他来。偶然间，他看到一个下士正带领着手下的士兵在修筑街垒。

那个下士双手插兜，站在一旁对抬着沉重且庞大的水泥块的士兵们发号施令。然而那个下士的嗓子都喊哑了，士兵们经过多次努力，还是不能把石头放到指定的位置上。

士兵们个个筋疲力尽，眼看着石块就要滚下来了。这时，华盛顿迅速赶到他们身边，用他强劲的臂膀顶住石块。这一援助很及时，石块终于放好了。士兵们转过身，拥抱华盛顿以表达谢意。

华盛顿问那个下士："为何你只动嘴巴喊而将双手插进衣袋呢？""你问我？难道你看不出我是这里的下士吗？"那个下士鼻孔朝天，背着双手，很不以为意地回答。

听完下士的回答，华盛顿并不辩解，而是神情自若地解开自己的衣扣露出军服给那个傲气十足的下士看，说："按衣服看，我是上将。不过，下次再抬重东西时，你叫上我。"那个下士这才意识到站在自己面前的是华盛顿本人，瞬时羞红了脸。

如果你是一个爱在他人面前摆臭架子的人，那么，请你趁早改掉这个坏毛病，否则，你将很快被人们所鄙夷。

有句俗话这么说："人格无贵贱，人品有高低。"即使你的地位高人一等，也不能随意摆架子。摆架子的人，在别人眼里就像是表演中的小丑。身份的高低，绝不是用架子的大小来衡量的。